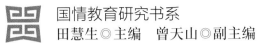

国情教育研究书系
田慧生◎主编 曾天山◎副主编

U0619045

中国继续教育发展报告 *2013*

赖立 等 著

教育科学出版社
·北京·

出 版 人　李　东

责任编辑　刘明堂　赵琼英

版式设计　孙欢欢

责任校对　贾静芳

责任印制　叶小峰

图书在版编目（CIP）数据

中国继续教育发展报告. 2013 / 赖立等著. —北京：
教育科学出版社，2016. 12
　（国情教育研究书系）
　ISBN 978-7-5191-0300-2

　Ⅰ. ①中… 　Ⅱ. ①赖… 　Ⅲ. ①继续教育—研究报告—
中国—2013 　Ⅳ. ①G729. 2

中国版本图书馆 CIP 数据核字（2017）第 005185 号

中国继续教育发展报告 2013
ZHONGGUO JIXU JIAOYU FAZHAN BAOGAO 2013

出版发行	**教育科学出版社**				
社　　址	北京·朝阳区安慧北里安园甲 9 号		市场部电话	010-64989009	
邮　　编	100101		编辑部电话	010-64989363	
传　　真	010-64891796		网　　址	http://www.esph.com.cn	
经　　销	各地新华书店				
制　　作	北京金奥都图文制作中心				
印　　刷	保定市中画美凯印刷有限公司				
开　　本	169 毫米×239 毫米　16 开		版　　次	2016 年 12 月第 1 版	
印　　张	15. 25		印　　次	2016 年 12 月第 1 次印刷	
字　　数	204 千		定　　价	48. 00 元	

如有印装质量问题，请到所购图书销售部门联系调换。

丛书编委会

主　　编：田慧生

副 主 编：曾天山

编委会成员（按姓氏笔画排序）：

为打造具有国家水准、国际视野的教育科研成果，更好地服务于办好人民满意的教育，服务于全面建成小康社会，在中央级公益性科研院所基本科研业务费专项基金的支持下，我院开展了对国内外重大教育理论与现实问题的系统研究，形成了"国情、国视、国菁、国际"四大书系。

"国情"教育研究书系以年度发展报告的形式，全面反映我国各级各类教育的成就、经验和挑战，对全国各省（自治区、直辖市）教育发展和政策进行区域比较，对我国各级各类教育的发展水平进行国际比较，力求对我国教育的规模、结构、质量和效益做出科学判断。

"国视"教育研究书系聚焦社会关注的教育热点难点，着眼于基础性、长远性、前瞻性问题，以了解事实、回应关切、提供政策建议为主要目的，探索教育发展规律。

"国菁"教育调研书系专门研究大中小学生的学习生活状态，涉及学校生活、家庭生活、社会生活、网络生活等，通过调查研究，了解当代学生的思想情感和行为特点，为研究如何促进学生的身心健康发展提供科学依据。

"国际"教育研究书系分为著作和译作两类，主要反映国际教育改革发展动态，回顾国际教育的历史进程，跟踪国际教育的改革动态，把握国际教育的发展趋势。

四大书系既各自独立又相互联系，在保持各书系特点的同时，力求做到：

一、"从事实切入"。"事实"是"事件真实的情形"，是在过去和现在被验证且中立的信息。在科学研究中，事实是指可证明的概念，是研究的起点。客观的事实是逻辑的基础和内容，逻辑是事实的理论再现。从实际对象出发，从实际情况出发，能够提高研究问题的针对性和实效性。

二、"用数据说话"。数据是研究和决策的基础。四大书系力图建立在数据和事实的基础之上，通过对数据的搜集、提炼、整合、分析，发现问题，探索规律。

三、"做比较分析"。没有比较就没有鉴别。四大书系力求通过国别比较、区域比较、类型比较、结构比较，找到差距，发现真知，提供卓见。

四、"搞协同创新"。协同创新是提高创新效率和创新水平的战略要求。四大书系研究调动院内外、系统内外、国内外资源，注重人员交叉、学科交叉、方法交叉，力求有所创新、有所突破。

五、"靠政策影响"。建言献策是智库研究的最终目的。四大书系以教育公共政策为研究对象，以影响政府决策为研究目标，以公共利益为研究导向，以社会责任为研究准则，建可信之言，献可行之策。

四大书系的编辑出版是我院全面提高教育科研水平的一项整体努力，也是建设国家一流教育智库的客观要求。在研究和编写过程中，书系得到了相关机构和同仁，特别是教育部相关司局及有关部委的大力支持，前期成果也受到了广大读者的欢迎，在此一并致谢！我们将以此为起点，不懈努力，加快中国特色新型智库建设，为推动中国教育事业科学发展发挥不可替代的重要作用。

中国教育科学研究院
2014 年 11 月

目 录
CONTENTS

2013 年是我国全面贯彻落实《国家中长期教育改革和发展规划纲要
（2010—2020 年）》（以下简称《教育规划纲要》）的攻坚之年，也是实
施"十二五"规划承上启下的关键之年。党的十八大报告明确提出了"积
极发展继续教育，完善终身教育体系，建设学习型社会"的任务，国家重
大战略赋予继续教育新的使命，社会发展方式转变对继续教育提出新的要
求，学习型社会建设丰富了继续教育的新内涵，教育体制改革创新明确了
继续教育的新任务。继续教育站在新的历史起点上，进入深化改革、转型
发展的新征程。

一、研究思路

本报告是中国教育科学研究院基本科研业务费专项基金"国情教育研
究书系"项目《中国继续教育发展报告 2012》（以下简称《2012 年报
告》）的延续。为体现与"国情教育研究书系"项目和《2012 年报告》
的一致和连续，本报告的主旨和思路是：以《教育规划纲要》实施三年为
时间线索，以我国继续教育发展为重点和主线，以年度发展报告的形式，
通过对全国"加快发展继续教育"的基本情况、发展现状、重大改革推进
以及面临的挑战进行概括总结，对 31 个省区市继续教育的规模、效益、公
平性、潜力和贡献力进行综合评价，以数据和事实为基础进行实证分析，
比较区域和省际继续教育水平的差异，寻找与世界继续教育发展的差距。
本报告力图以专业视角，对我国继续教育的改革和发展进行全面的剖析和
研究，为政府决策提供咨询，为科学研究提供依据。

与《2012 年报告》相比，有所创新、有所突破是本报告所追求的目标。

第一，坚持"用数据说话"。《2012 年报告》侧重于对宏观层面事实的阐述，全面梳理了我国继续教育的发展脉络，全景式地呈现了继续教育复杂系统的基本现状，初步实现了研究的主旨，为研究继续教育理论和政策提供了一个分析框架；为探索继续教育改革和发展提供了一些基本事实；为加快发展继续教育提供了多元的国际经验和启示。本报告依然坚持以往研究的主旨和思路，但从"面"聚焦为"点"，突出《教育规划纲要》实施三年来继续教育综合改革的变化，基于数据，发现问题，提炼观点，提出有深度的分析，聚焦继续教育改革发展中的热点、难点和关键点。

第二，强化实践调研。本报告增加了继续教育改革试点项目和对实践的探索，加强了对基层实践调研和典型案例的分析，考察调研了国家开放大学、上海开放大学和学分银行试点项目，了解了改革试点与先行探索的经验，以专题形式，对相关改革的背景、现状、经验和成效进行了深入研究。本报告收集、借鉴了国内外相关研究成果，选取了联合国教科文组织、欧盟、金砖国家的一些核心指标，进行了国际比较，并结合开放大学建设、学习成果认证与转换制度等，从政策梳理和案例分析上，进行国别研究。

第三，完善指标体系研究。《2012 年报告》在参考国内外相关研究的基础上，尝试构建了包含三个维度的我国继续教育综合发展水平指标体系，并采用 PLS 结构方程模型对我国各省区市的继续教育综合发展水平进行了测量。本报告基于《2012 年报告》的测评成果，根据统计数据的变更情况，对其做了适当的调整并验证，所用指标力求一致，所用方法基本相同。本报告对 31 个省区市进行了测评和排名，并将其与《2012 年报告》的测评成果相比较，邀请专家指导课题、参与研讨，深化了报告内容。

第四，采取多元研究方法。本报告主要采用文献研究、实地考察、比较研究、个案研究、经验总结、定量分析等多种方法，通过广泛收集、检索和整理文献资料，形成文献综述；选择具有典型意义的一些核心指标，将其置于国际视野下进行比较研究，开展专题调研，收集数据、案例，梳理问题，分析现行继续教育政策调整和制度创新的动向以及实施中遇到的困难和障碍，找准制约继续教育加快发展的瓶颈，提出政策建议。本报告的技术路线采取三个结合，即注重综合研究与专题研究结合、定性描述与定量测评结合、整体性研究与层次性研究结合的思路，尝试建立一个纵横多维的研究分析框架。

本报告主要数据来源包括《中国统计年鉴》《中国教育统计年鉴》《中国教育经费统计年鉴》《中国人口与就业统计年鉴》《中国劳动统计年鉴》《全国职工教育培训统计报告》《全国社区教育工作情况调查统计》等。目前我国继续教育统计基础相对薄弱，统计渠道覆盖面有限，较难获得全面、系统的统计数据。因此，为兼顾逻辑性和实证性，考虑到相关数据的准确性和可获得性，本报告以上述统计资料为主，以相关抽样调查资料作为补充。

二、研究内容

本报告分为四个部分，共七章。

第一部分为我国继续教育总体发展变化的介绍，概述我国继续教育发展的总体变化。

第一章：学历继续教育发展现状。本章主要从数量、规模、结构、质量等方面入手，对我国学历继续教育发展进行总结概括，着重分析我国各级各类学校承担的成人学历继续教育现状及变化趋势。随着我国经济社会的快速发展，迫切需要持续开发人力资源，以满足广大社会成员日益增长的多样化教育需求，因此，学历继续教育仍具有发展的需求和空间。普通高校学历继续教育持续保持领头羊的地位。远程继续教育是学历继续教育发展最快的部分，也是未来信息化社会发展的趋势，它可以满足人们时时学习、处处学习的需求，实现"学有所教"。自学考试作为世界上最大规模的考试，在高等教育大众化、建设学习型社会的背景下，需要不断改革，在改革中完善和创新。成人中等学历继续教育减量增效，亟待加强基础能力建设，增强办学实力。

第二章：非学历继续教育进展。本章主要从学校非学历继续教育、成人培训、社区教育、扫盲教育等方面，研究非学历继续教育改革发展中的热点、难点问题，逐一剖析各类非学历继续教育发展的动态过程，即规模与层次、功能与影响，以期揭示现阶段我国非学历继续教育发展的特征和规律，进而研究非学历继续教育在服务区域经济、促进区域文化和可持续发展方面的作用。

第三章：继续教育保障条件。本章主要围绕继续教育发展的竞争力要素和支撑条件，从经费投入、师资队伍、基础建设和资源开放共享 4 个方面，集中展示了近 3 年全国继续教育取得的进展和变化，剖析有待关注和解决的问题。

第二部分对我国继续教育区域发展水平进行综合评价。

第四章：继续教育区域发展水平。以数据和事实为基础，选取典型的指标，建立评价指标和分析框架，测评 31 个省区市继续教育的机会、规模、结构、水平、效益及公平性等，客观展现各地继续教育发展的优势和特色，反映存在的差距和不足，以期为加快发展继续教育提供指导。

第三部分对我国继续教育进行国际比较分析。

第五章：继续教育国际比较。选取具有典型意义的指标进行国际比较，以国际化为背景，从政策和实践层面，对主要发达国家继续教育进程进行梳理、归纳和总结，选取典型案例，借鉴成功经验，论证其实现条件，探讨我国继续教育发展的战略取向和未来趋势。主要集中对欧美主要发达国家、部分亚洲国家（地区）以及金砖国家中的巴西、南非等的开放大学建设模式、继续教育学习成果认证及其积累与转换制度典型案例进行比较研究，从发展的背景、历程、现状、特点、经验做法、实施效果、存在的问题等入手，聚焦比较制度立法、学习成果认证标准、资格框架、信息服务平台等。

第四部分总结我国继续教育的改革实践并提出思考。

第六章：继续教育改革的重大举措与实践。聚焦"1+5 开放大学"（国家、北京、上海、江苏、广东、云南）建设试点和继续教育学习成果认证及其积累与转换制度的实践探索两项重大改革，选择典型案例，总结经验，反映不同的改革模式和机制创新。

第七章：加快发展继续教育的思考与对策。围绕加快发展继续教育，分析存在的问题和面临的挑战，重点强调深化改革，从坚持制度创新、走向开放融合、规范管理、提高质量等方面提出应对策略。

三、研究发现

（一）学历继续教育保持稳定发展，加快变革力求转型突破

学历继续教育保持稳定发展的总基调。2012 年，高等学历继续教育在校生总规模达 1202.51 万人，与 2010 年 1031.21 万人和 2011 年 1082.01 万人的总规模相比，分别增长了 16.61% 和 11.14%。其中，成人本专科在校生 583.11 万人，网络本专科在校生 570.41 万人，在职人员攻读硕士学位 48.99 万人。全国高等教育自学考试报考人次为 853.90 万，其中，本科报考人次为 618.99 万，占报考总人次的 72.49%；专科报考人次为 234.91 万，占报考总人次的 27.51%。成人中等学历继续教育在校生总规模达 331.76 万人，其中，成人高中在校生 14.41 万人，毕业生 11.62 万人；成人中专在校生 254.27 万人，毕业生 71.63 万人；成人初中在校生 63.08 万人，毕业生 63.26 万人。

学历继续教育呈现出"两增两减"的发展格局。"两增"：一是普通高校成人本专科在校生总量稳步增长。2012 年普通高校成人本专科在校生总规模达 539.28 万人，占成人本专科在校生总数的 92.48%。其中，成人本科在校生为 242.71 万人，占在校生总数的 45.01%，成人专科在校生为 296.57 万人，占在校生总数的 54.99%。普通高校成人本专科在校生总量相比 2008 年的 488.88 万人增长了 10.31%。二是网络本专科在校生规模持续快速增长。2012 年，全国网络本专科在校生人数达 570.41 万人，比 2011 年增加了 77.93 万人，比 2010 年增加了 117.27 万人，增量较为明显。

"两减"：一是独立设置的成人高校（以下简称成人高校）成人本专科在校生规模连年缩减：2012 年，全国成人高校本专科在校生规模为 43.83 万人，相比 2008 年的 59.42 万人，减少 15.59 万人，下降 26.24%。二是中等成人教育机构数量减少渐成常态。2012 年成人高中 696 所，比 2011 年减少 161 所；成人中专 1564 所，比 2011 年减少 50 所；成人初中 1578 所，比 2011 年减少 477 所。但中等成人教育机构坚持减量增效，虽学生规模有所波动，但总体未出现大的滑落。

推进转型，改革创新人才培养和办学模式。高校学历继续教育面向社会需求，坚持分类办学，明确发展定位；完善制度建设，创新管理机制；深化教学改革，强化质量保障；加快资源建设，推动开放共享，积极探索继续教育办学模式与服务机制。全国成立了继续教育资源开放联盟、大学与企业继续教育联盟、城市继续教育联盟，批准 50 所普通高校建设继续教育示范基地，形成了高校向社会开放资源、人才培养与企业用人相结合、服务地方经济和行业发展的新机制。启动并推进探索开放大学建设重大教育改革项目，积极搭建终身学习"立交桥"。启动有关探索建立学习成果认证和学分银行制度，以及普通高等学校继续教育课程认证、学分积累与转换的研究及试点工作。挂牌成立了 6 所开放大学，积极推进全国广播电视大学系统战略转型。推动百所高校进一步向社会开放数字化继续教育资源，指导 15 所广播电视大学依托终身学习服务平台开展示范应用。

（二）非学历继续教育多样化发展，成人培训参与率有待提高

非学历继续教育逐步从边缘走向主流。2012 年，全国高校、中等职业培训学校（机构）、中等职业学校非学历继续教育注册生达 5364.65 万人，其中，高校非学历继续教育注册生约 394.84 万人，中等职业技术培训学校（机构）非学历继续教育注册生 4567.35 万人。高校发挥主阵地作用，非学历继续教育彰显优势和特色，进修及培训占主体地位，高层次培训潜力巨大。中等职业培训作为非学历继续教育的重要组成部分，尽管发展不平衡，面临发展困境，但仍在调整中不断扩大规模。农村成人文化技术学校培训学生达 3176.08 万人次，占中等职业技术培训学校（机构）注册生总

数的 69.54%；职工技术培训学校（机构）培训学生 292.50 万人次，占
6.40%；其他职业技术培训学校培训学生 1098.77 万人次，占 24.06%。另
外，中等职业学校培训学生 402.46 万人次。非学历继续教育不限于学校。
在广大的农村，非学历继续教育以提高农民综合素质和职业技能为重点，
广泛开展农民科技、文化以及思想道德等素质教育培训，全面提高农村劳
动力实用技术水平和专业技能水平，加强农村劳动力转移培训和进城务工
人员职业技能培训。"十二五"期间，重点实施"农村劳动力职业技能培
训工程""农民创业培训工程""农民学历提升工程""农民教育培训条件
建设工程""农民教育培训师资队伍建设工程"等，全国开展农民教育培
训约 3500 万人次，教育系统开展农村劳动力转移培训约 1500 万人次。企
事业单位以提高岗位适应能力和创新能力为核心，有计划、分领域、分层
次加强党政人员、专业技术人员、企业经营管理人员和社会工作人员的继
续教育，以提升职工科技、文化素质和岗位技能为重点，大力推进企事业
单位职工全员培训。

努力提高成人继续教育的参与率。《教育规划纲要》提出，到 2020 年
继续教育参与率大幅提升，从业人员参与率达到 50%。2011 年国务委员刘
延东在全国继续教育工作会议上指出，到 2015 年，从业人员参与各类继续
教育达到 2.9 亿人，年参与率达到 42% 以上。继续教育普及面扩大，参与
率不断提高，逐步逼近"十二五"目标要求。职工全员培训参与率稳步上
升。据《2012 年度全国职工教育培训统计报告》有关调查显示，2012 年，
全国有 2675.87 万人参加职工教育和培训，全员参与率为 57.74%。其中，
有 351.43 万人参加学历继续教育，占参加统计调查职工总数的 7.58%，有
2324.44 万人参加各类职工教育培训，占参加统计调查职工总数的
50.16%。2008 年，职工全员参与率为 54.29%，2010 年职工全员率为
54.62%，2012 年职工全员参与率分别增加了 3.45 个百分点和 3.12 个百分
点。社区教育参与率不断提高。据对国家级社区教育实验区和社区教育示
范区进行的社区教育工作调查统计，2012 年，在参与调查统计的 67 个社
区教育示范区和 56 个社区教育实验区中，参加各类社区教育活动的居民共
有 5659.73 万人，社区教育参与率达 48.51%。其中，67 个社区教育示范

区居民培训参与率达到 46.34%；56 个社区教育实验区居民培训率达 52.38%。

（三）继续教育资源总体不足，基础建设相对薄弱

经费不足是制约发展的突出问题之一。2011 年，我国各级继续教育机构教育经费总收入为 230.38 亿元，比 2010 年的 208.03 亿元增加了 22.35 亿元，增长了 10.74%。其中，继续教育国家财政性教育经费为 144.23 亿元，比 2010 年的 120.45 亿元增长 19.74%。继续教育国家财政性教育经费已成为继续教育的主要支持力量，占到继续教育经费总收入的 62.61%。但是，由于相关政策和制度的缺失，以及社会对继续教育重要性认识的缺位，继续教育的经费投入尚未实现多元化，各级各类继续教育机构接受社会捐赠经费、事业收入和其他收入均出现下滑。2011 年，社会捐赠经费为 0.33 亿元，比上年减少 35.29%；事业收入为 76.29 亿元，比上年减少 0.34%；其他收入为 8.74 亿元，比上年减少 11.63%。

2011 年，各级继续教育机构教育经费支出总量为 223.73 亿元，比 2010 年增加 21.24 亿元，增长了 10.49%。成人高校的经费支出占继续教育经费支出的比例继续扩大，成人小学的经费支出规模逐步缩小。事业性经费支出增长，基础建设经费支出下滑。2011 年，继续教育机构事业性经费支出为 220.77 亿元，比 2010 年增加了 21.87 亿元，增幅为 11.00%；继续教育机构基本建设支出为 2.96 亿元，比 2010 年减少了 0.63 亿元，下降了 17.55%。

优化师资队伍是保证可持续发展的关键。2012 年，各级各类继续教育机构教职工总量为 72.38 万人，比 2010 年增加了 1.05 万人，增幅为 1.47%。职业技术培训学校（机构）教职工总量增加，各类职业技术培训学校（机构）教职工数为 50.66 万人，占继续教育教职工总量的 69.99%；成人高校有教职工 6.56 万人，占 9.06%；成人中专学校有教职工 7.75 万人，占 10.71%；成人高中学校教职工数为 0.73 万人，占 1.01%；成人初中学校教职工数为 0.95 万人，占 1.31%；成人小学教职工数为 5.73 万人，占 7.92%；成人高校和成人中专专任教师队伍波动较大。2012 年与上年相

比，成人高校和成人中专专任教师数量分别减少了 0.65 万人和 0.28 万人，降幅分别为 14.16% 和 4.91%，但结构有所优化。一是学历结构相对稳定，2012 年，成人高校专任教师中有本科学历的占 71.73%，有研究生学历的占 23.08%；成人中专专任教师中有本科学历的占 76.08%，拥有硕士学位的占 2.84%，拥有博士学位的占 0.07%。二是职称结构相对合理，有正高级职称的专任教师占专任教师总数的 4.54%，有副高级职称的占 29.74%，有中级职称的占 41.98%。三是年龄结构趋向年轻化，40 岁及以下专任教师所占比例为 57.35%。从各年龄阶段的分布来看，30 岁及以下专任教师所占比例最高，为 20.75%，31—35 岁专任教师所占比例为 19.68%。

加强基础条件建设是紧迫的任务。成人高校基础设施建设陷入尴尬境地，学校数量大幅减少，受办学资源、办学投入的制约，成人高校的基础设施、教学设备、后勤保障等各项指标整体显示出下滑态势。供给资源不足、办学竞争力偏弱，既影响成人高等教育的质量，也影响其声誉和社会认可度。各类职业技术培训学校（机构）已成为继续教育的重要力量，其办学条件和供给能力逐年有所改善。2010—2012 年，职工技术培训学校（机构）的固定资产总值，以及固定资产中的教学、实验仪器设备资产总值都有显著增加，翻了近一倍。但是量大面广的农村成人文化技术学校的教育资源指标出现三增三减。其中，农村成人文化技术学校的图书藏量、教学用计算机和语音实验室座位数三项指标有增加，而占地面积、教学行政用房建筑面积、多媒体教室座位数等三项指标出现下滑。

（四）继续教育区域发展不平衡，省际差距有所拉大

结合我国继续教育发展目标、发展任务、发展趋势，从继续教育存量、继续教育机会、继续教育资源三个维度下分别选取若干测量指标，对继续教育全国发展水平和 31 个省区市综合发展水平进行评价、测量和区域比较。

继续教育存量方面，人力资源不断优化，发展短板凸显。人力资源开发是国家经济发展的重要智力支撑。我国人力资源丰富，但人力资源的人员质量结构、知识结构和能力水平存在不合理现象。成人识字率整体提

升,个别地区文盲率有所上升。2012 年,成人识字率比上年提高 0.25 个百分点,但 5 个省区市略有下降,2 个省区出现反弹。人口受教育结构正在向更高水平发展。我国具有大专及以上文化程度的人口保持快速增长,2000—2010 年年均增长 9.63%。2012 年,全国 6 岁及以上人口平均受教育年限为 8.94 年,北京达 11.84 年,而低于平均值的有 15 个省区市,排位最低的西藏为 5.07 年、青海为 7.61 年、贵州为 7.63 年。就业人员受高等教育的比重增大,但地区与行业均表现出不均衡。2012 年,全国 6 岁以上人口中受过高等教育(具有大专及以上学历)的占 13.68%,比 2008 年 6.86%增加了 6.82 个百分点。从地区分析,2012 年,全国就业人员平均 13.68%的人拥有大专及以上学历,在 31 个省区市中,超过或达到全国平均值的有 15 个省区市,低于全国平均值的有 16 个省区市。从行业分析,2012 年,全国城镇就业人员拥有大专及以上学历比例的平均值为 25.2%,有 11 个行业高于全国平均值,低于全国平均值的有 9 个行业,农林牧副渔业主要以低学历劳动者为主,拥有大专及以上学历者所占比例仅为 2.0%。

继续教育机会方面,公平普惠关注度高,吸引力和参与度偏弱。2012年,继续教育功能趋向多样化,继续教育机会普遍增多,15 岁及以上人口参加成人大中专学历继续教育在校生规模达 1407.80 万人,占 15 岁及以上人口总数的 1.27%。与 2010 年比较,2012 年参加成人大中专学历继续教育的在校生增加了 206.22 万人,所占比例增加了 0.19 个百分点。2012 年参加成人非学历继续教育培训注册生 4962.19 万人,占 15 岁及以上人口总数的 4.46%。但优质教育资源主要集中在东中部地区和城市,北京拥有较多的继续教育机会,北京 15 岁及以上人口参加成人大中专学历继续教育比例最高,为 24.07%,15 岁及以上人口参加成人非学历继续教育培训比例也最高,为 17.12%。发展的不平衡和资源条件的差异直接影响各地区、各类人群的培训参与率。2012 年,职工全员培训参与率为 57.74%,与 2008 年相比,提高了 3.45 个百分点,但全国有 11 个省区市低于全国平均值。2012 年,职工参加各类培训约 4851.39 万人次,其中,工人参加各类培训约 3196.55 万人次,占职工参加各类培训总人次的 65.89%。山东工人参培人次比例最高,达 80.37%,北京排第二,为 75.02%,江苏为

74.64%，而内蒙古仅为22.98%。

继续教育评价方面，综合发展水平京津沪优势明显，西部省份需加大支持力度。从综合排名看，上海、北京、吉林、新疆全国领先，青海、宁夏和西藏则连续两年排在全国最后三位。与上一年评价结果比较，11个省区市排名提高，13个省区市排名下降，7个省区市保持不变。从继续教育发展与经济发展的关系分析，全国有11个省区市继续教育综合发展水平与其经济发展水平基本协调，10个省区市继续教育综合发展水平超前于经济发展水平，10个省区市继续教育综合发展水平滞后于经济发展水平。从继续教育发展的区域特征及差异分析，京津沪地区在继续教育发展三个维度上都具有较强的实力，具有人力资源存量大、继续教育机会多、继续教育资源充足的优势。东部地区浙苏冀在区域内领先，具有人力资源存量较大、继续教育资源丰富的特点，但整体继续教育机会略显不足。中部地区吉林在区域内领先，整体发展特征与东部地区相近，人力资源存量适中、继续教育资源充足，但继续教育机会略显不足。西部地区继续教育机会增多，但人力资源存量和继续教育资源不足仍然是持续制约该地区继续教育发展水平的因素。

基于以上发现和讨论，本报告借鉴国际的经验和做法，研究各地改革的进展和典型案例，分析存在的问题和面临的挑战，提出加快继续教育发展的应对举措。

学历继续教育发展现状

继续教育是面向学校教育之后，所有社会成员特别是成人的教育活动，是终身学习体系的重要组成部分。知识经济时代的来临，"活到老，学到老"逐步成为人们的一种生活选择和需要，终身学习的理念正在为越来越多的人所接受。同时，继续教育又是人才资源开发的基本手段和主要途径，它对促进经济和社会发展，特别是对形成全民学习、终身学习的学习型社会所起到的推动作用，越来越多地显现出来。

随着我国经济发展方式的转变和战略性新兴产业的发展，各行各业对人才的需求持续增加，在职人员对学历继续教育的需求呈多元增长态势。国家加大对继续教育的政策支持，2010 年，《教育规划纲要》从国家发展战略的高度，明确要求"加快发展继续教育"，提出"以加强人力资源能力建设为核心，大力发展非学历继续教育，稳步发展学历继续教育"，"继续教育参与率大幅提升，从业人员继续教育年参与率达到50%"的战略任务。国家教育政策的调整，为学历继续教育的改革发展赋予了新的使命、提供了新的机遇。

从近年来的统计数据看，我国学历继续教育的发展呈现出"两增两减"的发展格局。"两增"：一是普通高校成人本专科在校生总量逐年稳步增长；二是网络本专科在校生规模持续快速扩大。"两减"：一是成人高校成人本专科在校生规模连年缩减；二是中等成人教育机构数量减少渐成常态。这说明，一方面，随着我国九年义务教育的普及，高等教育进入大众化阶段，成人学历补偿教育的特定任务逐渐减轻，转型发展面临新的挑战。另一方面，随着教育技术和教育现代化的不断发展，学习者接受继续教育的方式也将突破传统，变得多元化，新兴的网络教育将成为新的增长点，获得发展。

一、高校学历继续教育持续稳步发展

高校学历继续教育主要由普通高校和成人高校两类办学机构实施。总体上看，普通高校拥有得天独厚的资源优势，保持"领头羊"的地位，招生规模持续扩大，在校生数、毕业生数不断攀升。在普通高校学历继续教育中，在职继续教育为主要形式，脱产学习比例持续下降。而成人高校学历继续教育在调整中转型，机构数量、招生规模和在校生规模的缩减及波动将持续相当的时间。

（一）在职人员学历继续教育需求呈增长态势

2012年，全国高等学历继续教育在校生总规模达1202.51万人，其中，成人本专科在校生583.11万人，网络本专科在校生570.41万人；在职人员攻读硕士学位48.99万人（见表1-1）。近10年间，成人本专科在校生基本稳定在500万人左右，是普通本专科在校生规模的四分之一。

表1-1　**2012年全国各类高等学历继续教育发展情况**

（单位：万人）

	招生	本科	专科	在校生	本科	专科
总计	454.46	168.15	272.25	1202.51	447.82	705.70
成人本专科	243.96	98.48	145.47	583.11	247.55	335.56
普通高校举办	224.48	96.47	128.00	539.28	242.71	296.57
成人高校举办	19.48	2.01	17.47	43.83	4.84	38.99
网络本专科	196.45	69.67	126.78	570.41	200.27	370.14

续表

	招生	本科	专科	在校生	本科	专科
在职人员攻读硕士学位	14.06	—	—	48.99	—	—
高等教育自学考试	学历报考 853.90 万人次，非学历报考约 1200 万人次					

【数据来源】中国教育统计年鉴 2012 [M]. 北京：人民教育出版社，2013.

注：本书所涉及的数据均由原始数据四舍五入而来，本书中各分项和与总数之差均由此而来，下同。

与 2010 年相比，全国高等学历继续教育在校生规模增加 171.30 万人，增长 16.61%。其中，增长最快的为网络本专科在校生，增加 117.27 万人，增长 25.88%；成人本专科在校生增加 47.07 万人，增长 8.78%；在职人员攻读硕士学位在校生增加 7.27 万人，增长 17.43%。

由此可见，虽然我国高等教育正在走向大众化，但成人学历继续教育的任务远未完成，我国劳动者素质和人力资本积累总体水平偏低，成人接受正规学校教育年限不足，年轻一代劳动人口具有提高学历水平的巨大需求和潜力。高校需要适度发展学历继续教育，为年轻一代的学历提升创造更多的机会和条件。成人学历提升教育在相当长的时间有其发展的空间，解决高等教育供给相对不足和需求旺盛的矛盾，依然要坚持普通高等教育和成人高等教育"两条腿"走路的方针。高校学历继续教育要突破单一学历型人才培养模式的羁绊，从学历补偿教育转向学历提升教育，从供给驱动转向需求驱动，从单一取向转向多元发展。

（二）普通高校继续保持"领头羊"地位

我国普通高校是人才、资源集中的地方，具有学科建设、专业设置、师资队伍、教学设施、信息化条件等方面的巨大优势，已形成多层次、多类型的人才培养体系，在国家积极发展继续教育中发挥着骨干、带头和示范作用。普通高校开展继续教育是服务社会的重要内容，有利于增强学校与社会的联系，更好地服务社会，同时，有利于深化自身改革，扩大开放，增加活力，发挥潜能。

普通高校是开展学历继续教育的主要力量，承担着探索学历继续教育发展理念、创新继续教育办学模式、拓展继续教育服务能力的重要任务，普通高校继续教育以比较经济和灵活的方式培养高层次专门人才，适合我国国情，在建设人力资源强国和学习型社会中具有不可替代的作用，在学历继续教育中持续保持"领头羊"的地位。

1. 招生规模持续扩大

（1）成人本专科招生保增长、稳规模，专科招生增长快于本科

2012 年，全国普通高校成人本专科共招生 224.48 万人，其中，成人本科招生 96.47 万人，占招生总数的 42.97%；成人专科招生 128.01 万人，占招生总数的 57.03%，比成人本科招生高 14 个百分点。从招生规模上看，成人本科招生从 2008 年的 79.71 万人增加到 2012 年的 96.47 万人，增长了 21.03%；成人专科招生从 2008 年的 100.64 万人增加到 2012 年的 128.00 万人，增长了 27.19%（见图 1-1）。普通高校成人本专科招生规模总体上逐年上升，但成人本科招生增速放缓，成人专科招生增速不断加快，成人专科招生增长快于本科。

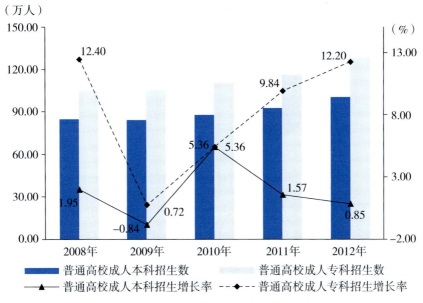

图 1-1　**2008—2012 年普通高校成人本专科招生数及增长率**

【数据来源】中国教育统计年鉴 2008—2012 ［M］. 北京：人民教育出版社，2009—2013.

（2）成人本专科招生学科基本全覆盖，但招生规模差异较大

学科专业建设是普通高校主动适应社会需求培养人才的关键环节。各高校根据培养目标，针对地区、行业和社会发展的需要，按照技术领域和职业岗位（群）的实际设置和调整专业。全国普通高校成人本专科教育专业设置基本形成了以管理、工学和医学为主体，学科门类齐全的格局，涉及农、林、地、矿、油、文教、卫生、司法、工商、财经、建筑等各个行业、系统和领域。

2012 年，全国普通高校成人本科招生涵盖了除军事学之外的法学、工学、管理学、教育学、经济学、理学、历史学、农学、文学、医学、哲学等 11 个学科门类，其中，管理学招生人数最多，占 26.35%；其次是工学，占 24.88%；第三位是医学，占 19.33%（见图 1-2）。

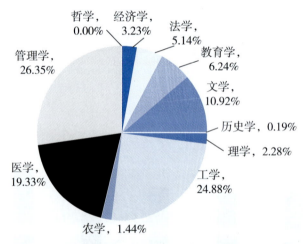

图 1-2　2012 年普通高校成人本科招生学科分布比较

【数据来源】中国教育统计年鉴 2012 [M]. 北京：人民教育出版社，2013.

2012 年，全国普通高校成人专科招生分布于 18 个学科门类，其中，财经大类招生规模最大，招生 37.64 万人；其次是医药卫生大类，招生 20.94 万人；第三位是文化教育大类，招生 20.57 万人（具体招生分布比较见图 1-3）。

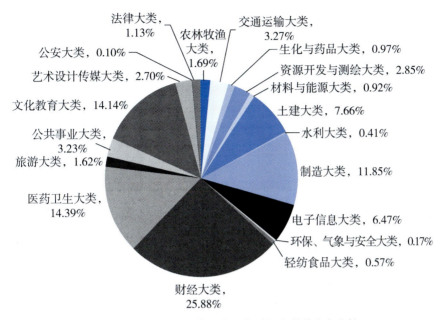

图1-3　**2012年普通高校成人专科招生学科分布比较**

【数据来源】中国教育统计年鉴2012 ［M］. 北京：人民教育出版社，2013.

（3）在职人员攻读硕士学位招生以专业学位居多

2012年，全国共招收14.06万名在职人员攻读硕士学位。其中，攻读学术型学位的0.72万人，占招生总数的5.10%；攻读专业学位的13.34万人，占招生总数的94.90%。从招生总数的性别分析来看，在职人员攻读硕士学位的男性比女性多，占招生总人数的65.11%。招生专业涵盖了哲学、经济学、法学、教育学、文学、历史学、理学、工学、农学、医学和管理学等11个学科门类，招生人数最多的学科依次为：工学8.47万人，管理学1.63万人，教育学1.56万人，农学1.14万人；招生人数最少的依次是：哲学1人，历史学12人和理学86人。

2008—2012年，除了2009年之外，在职人员攻读硕士学位的招生人数基本保持增长（见图1-4）。2008年招收在职人员攻读硕士学位的人数为13.34万人，2009年下滑至11.60万人，接着从2010年的12.39万人增至2011年的13.41万人，2012年又增至14.06万人。

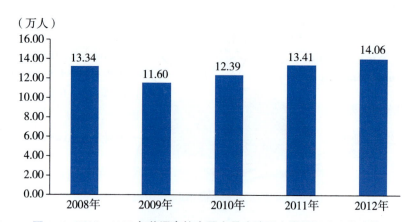

图 1-4　**2008—2012 年普通高校在职人员攻读硕士学位招生人数变化**

【数据来源】中国教育统计年鉴 2008—2012 ［M］. 北京：人民教育出版社，2009—2013.

2. 在校生总量再攀新高

（1）普通高校成人本专科在校生占成人本专科在校生总数的九成以上，专科在校生人数增速略高于本科

2012 年，普通高校成人本专科在校生总规模达 539.28 万人，占成人本专科在校生总数的 92.48%。其中，普通高校成人本科在校生为 242.71 万人，占普通高校成人本专科在校生总数的 45.01%，普通高校成人专科在校生为 296.57 万人，占普通高校成人本专科在校生总数的 54.99%。

2008—2012 年，普通高校成人本专科在校生规模虽有所波动，但总体上保持不断扩大的趋势。2008 年，普通高校成人本科在校生 224.71 万人，增长率为 6.70%，2009 年，成人本科在校生减少了 7.07 万人，2010 年，又回升至 219.86 万人，2011 年比 2010 年增加 8.76 万人，增长率达到 3.98%，2012 年，比上一年再增 14.09 万人，增长率为 6.16%。总体上，5 年间成人本科在校生总量增加了 18.00 万人，增长率为 8.01%（见图 1-5）。

2008 年，普通高校成人专科在校生 264.18 万人，2012 年增至 296.57 万人，增加了 32.39 万人，增长率为 12.26%，高于普通高校成人本科在校生的增长率（见图 1-5）。5 年间增长最快的是 2012 年，增长率达到了 7.44%，而 2009 年、2010 年和 2011 年增长率均在 2.50% 以下。

图 1-5　**2008—2012 年普通高校成人本专科在校生数变化**

【数据来源】中国教育统计年鉴 2008—2012［M］. 北京：人民教育出版社，2009—2013.

（2）在职攻读硕士学位需求旺盛

2012 年，在职攻读硕士学位的在校生为 48.99 万人，比 2010 年增加 7.27 万人，增长了 17.43%。2012 年在职人员攻读硕士学位在校生中，女生有 17.00 万人，仅占在校生总数的 34.70%。在职人员攻读硕士学位在校生以攻读专业学位为主，共有 45.51 万人，占在校生总数的 92.91%，攻读学术型学位的有 3.47 万人，占在校生总数的 7.08%；在校生总数排名在前的学科依次为工学 28.80 万人，管理学 6.79 万人，教育学 4.25 万人和农学 4.15 万人。

2008—2012 年，在职攻读硕士学位在校生总量持续增长，2008 年在职攻读硕士学位在校生为 38.39 万人，2012 年达到 48.99 万人，增加了 10.60 万人，增长率高达 27.61%（见图 1-6）。5 年间增长最快的是 2011 年，增长率达到 10.67%，2009 年增长率最低，仅为 1.93%，2010 年和 2012 年均在 6% 左右。总体来看，在职攻读硕士学位的需求比较旺盛，并且随着我国经济社会的发展，在职攻读硕士学位的学习者还会越来越多。

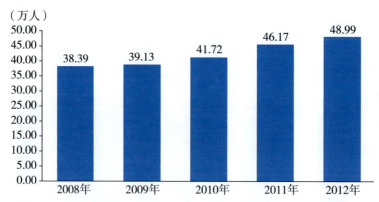

（万人）

图 1-6　**2008—2012 年普通高校在职人员攻读硕士学位在校生数变化**

【数据来源】中国教育统计年鉴 2008—2012 ［M］. 北京：人民教育出版社，2009—2013.

3. 毕业生规模出现波动

（1）成人本科毕业生波动大于成人专科毕业生

2012 年，普通高校成人本专科毕业生 178.67 万人，其中，本科毕业生为 78.15 万人，占毕业生总数的 43.74%，专科毕业生为 100.52 万人，占毕业生总数的 56.26%（见图 1-7）。

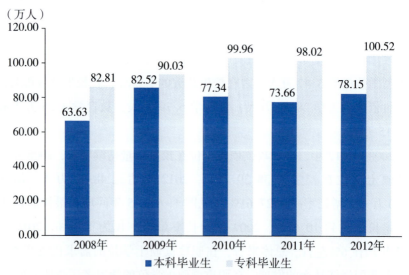

（万人）

■ 本科毕业生　□ 专科毕业生

图 1-7　**2008—2012 年普通高校成人本专科毕业生数变化**

【数据来源】中国教育统计年鉴 2008—2012 ［M］. 北京：人民教育出版社，2009—2013.

2008—2012 年，普通高校成人本专科毕业生人数呈现波动。2008 年，普通高校成人本科毕业生为 63.63 万人，2009 年，猛增至 82.52 万人，比上一年增长 29.69%，之后的两年连续下滑，2010 年比 2009 年减少了 6.28%，2011 年又比 2010 年减少了 4.76%，2012 年毕业生人数开始回升，尽管比上一年增长了 6.10%，但仍然比 2009 年少了 4.37 万人（见图1-7）。

2008 年，普通高校成人专科毕业生有 82.81 万人，2012 年增至 100.52 万人，创下了历史新高，5 年间增加了 17.71 万人，增长了 21.39%。其间，除了 2011 年小幅减少之外，毕业生人数基本保持稳定增长，增长率最高的是 2010 年，为 11.03%，其次是 2009 年，为 8.72%（见图 1-7）。

（2）在职人员攻读硕士授予学位年均 10 万人左右

2012 年，普通高校在职人员攻读硕士授予学位的人数为 10.48 万人，其中，授予专业学位 9.32 万人，占授予学位总数的 88.93%，授予学术型学位 1.16 万人，占授予学位总数的 11.07%。在职人员攻读硕士授予学位人数中，女性为 4.20 万人，占授予学位总数的 40.08%，这一比例略高于女性占在职人员攻读硕士学位招生数和在校生数的比例。授予学位人数最多的学科排在前三位的分别是：工学 5.05 万人，管理学 1.93 万人，教育学 1.31 万人；授予学位人数最少的学科分别是：军事学 2 人，哲学 70 人，历史学 84 人。

2008—2012 年，在职人员攻读硕士授予学位的人数基本保持在 10 万左右。但增长数量和增长率变化各年有所不同，2011 年授予学位的人数最多，有 10.73 万人，2012 年减少了近 3000 人，减少了 2.33%。从增长率来看，2009 年的增长率最高，达到了 18% 以上（见图 1-8）。

4. 办学形式以函授和业余为主

普通高校举办的学历继续教育主要有业余（夜大学）、函授和成人脱产班三种形式。2012 年，普通高校成人本专科在校生达 539.28 万人，其中，函授本专科在校生 312.20 万人，业余（夜大学）本专科在校生 226.09

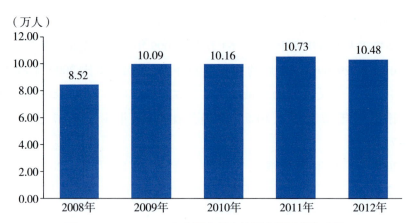

（万人）

图 1-8　**2008—2012 年在职人员攻读硕士授予学位人数**

【数据来源】中国教育统计年鉴 2008—2012［M］. 北京：人民教育出版社，2009—2013.

万人，成人脱产班本专科在校生只有 9960 人（见图 1-9）。三种办学形式中，函授形式的在校生比例最大，占总数的 57.89%，其次是业余（夜大学）学习形式，占总数的 41.92%，而成人脱产班在校生仅占 0.18%（见图 1-9）。

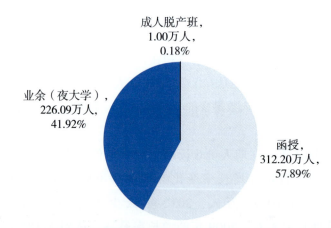

图 1-9　**2012 年普通高校学历继续教育三种办学形式的在校生比例结构**

【数据来源】中国教育统计年鉴 2012［M］. 北京：人民教育出版社，2013.

（1）函授本专科整体保持平稳增长

招生规模稳中有升。2012 年，普通高校成人函授本专科招生 133.87 万人，其中，本科招生 58.44 万人，专科招生 75.43 万人。与 2011 年相比，成人函授本专科招生总数增加了 18.40 万人，增长了 15.93%。2008—2012 年，函授本专科教育保持稳定发展，具体而言，本科招生规模增长 23.55%，专科招生规模增长 43.10%（见表 1-2）。

表 1-2　**2008—2012 年普通高校函授本专科招生变化**

（单位：万人）

年份	本科	专科	总数
2008	47.30	52.71	100.02
2009	45.93	57.25	103.18
2010	48.91	58.30	107.21
2011	52.07	63.40	115.47
2012	58.44	75.43	133.87

【数据来源】中国教育统计年鉴 2008—2012 [M]. 北京：人民教育出版社，2009—2013.

在校生层次结构调整优化。2012 年，普通高校成人函授本专科在校生 312.20 万人，其中，本科在校生 142.03 万人，占成人函授本专科在校生总数的 45.49%，专科在校 170.17 万人，占总数的 54.51%。2008—2012 年，成人函授本专科在校生增加 39.63 万人，增长了 14.62 个百分点（见图 1-10）。

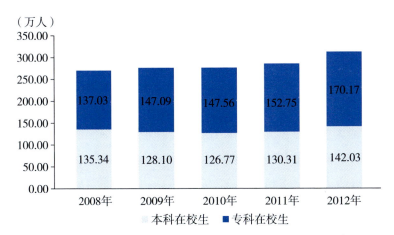

图 1-10　**2008—2012 年普通高校函授本专科在校生规模比较**

【数据来源】中国教育统计年鉴 2008—2012 [M]. 北京：人民教育出版社，2009—2013.

从层次结构分析，高等函授教育学历层次缓慢高移，由以专科为主提升为本专科并重。2003—2012 年，函授本科与专科在校生所占比例差距逐步缩小，其中，2007 年和 2008 年函授本科和专科在校生大体相当，2012 年函授专科在校生比函授本科在校生多了约 10 个百分点（见表 1-3）。

表 1-3　2003—2012 年普通高校函授本专科在校生规模变化

年份	总数（万人）	本科		专科	
		人数（万人）	所占比例（%）	人数（万人）	所占比例（%）
2003	247.21	86.44	34.97	160.77	65.03
2004	201.42	82.84	41.13	118.57	58.87
2005	197.54	89.78	45.45	107.76	54.55
2006	260.62	124.71	47.85	135.91	52.15
2007	258.02	128.42	49.77	129.60	50.23
2008	272.37	135.34	49.69	137.03	50.31
2009	275.19	128.10	46.55	147.09	53.45
2010	274.33	126.77	46.21	147.56	53.79
2011	283.06	130.31	46.04	152.75	53.96
2012	312.20	142.03	45.49	170.17	54.51

毕业生保持年均百万人规模。2012 年，普通高校成人函授本专科毕业生为 100.28 万人，其中，本科毕业生 44.30 万人，专科毕业生 55.98 万人。2008—2012 年，全国函授本专科毕业生累计 472.16 万人，其中，本科毕业生 226.58 万人，专科毕业生 245.58 万人（见图 1-11）。

（2）成人业余（夜大学）本专科规模稳中有升

2012 年，普通高校成人业余（夜大学）本专科招生 90.42 万人。其中，业余（夜大学）本科招生 37.93 万人，占总数的 41.95%，业余（夜大学）专科招生 52.49 万人，占总数的 58.05%。与 2011 年相比，普通高校成人业余（夜大学）本专科招生总数增加 5.05 万人，业余（夜大学）本科招生增加了 2.22 万人，业余（夜大学）专科招生增加了 2.83 万人。

图 1-11　2008—2012 年普通高校函授本专科毕业生规模比较

【数据来源】中国教育统计年鉴 2008—2012 [M]. 北京：人民教育出版社，2009—2013.

2012 年，普通高校成人业余（夜大学）本专科在校生为 226.09 万人。其中，业余（夜大学）本科在校生 100.20 万人，占总数的 44.32%；业余（夜大学）专科在校生 125.88 万人，占总数的 55.68%。与 2011 年相比，普通高校成人业余（夜大学）本专科在校生总数增加了 8.04 万人，增长了 3.69%，其中，业余（夜大学）本科在校生增加 4.5 万人，业余（夜大学）专科在校生增加 3.53 万人。2008—2012 年，成人业余（夜大学）本专科在校生增加 62.47 万人，增长了 38.18%（见图 1-12）。

2012 年，普通高校成人业余（夜大学）本专科毕业生约为 75.64 万人。其中，业余（夜大学）本科毕业生 31.56 万人，业余（夜大学）专科毕业生 44.08 万人。与 2011 年相比，普通高校成人业余（夜大学）本专科毕业生数增加了 7.82 万人，增长了 11.53%，其中，业余（夜大学）本科毕业生增长了 24.60%，业余（夜大学）专科毕业生增长了 3.74%。

（万人）

图 1-12　**2008—2012 年普通高校业余（夜大学）本专科在校生规模比较**

【数据来源】中国教育统计年鉴 2008—2012 ［M］. 北京：人民教育出版社，2009—2013.

（三）成人高校逆境突围

成人高校是我国高等教育的重要组成部分，为我国培养了一批批高素质的劳动者。随着高等教育大众化战略的推进，普通高校连年扩招，民办高等教育机构快速发展，高等职业教育受到重视和支持，成人高校的发展面临巨大挑战。适应变革、促进可持续发展是成人高校必然的战略选择。近年来，成人高校数量不断减少，招生以专科层次为主，招生规模虽有小幅回升，但本专科在校生和毕业生数量逐年下降，迫切需要拓展功能，突破困境，在布局调整、资源整合中探索改革创新之路。

1. 成人高校数量持续减少

我国成人高校的发展起起落落。1949 年新中国成立时，全国只有 1 所成人高校，至 1965 年成人高校数量增加到 964 所，1978 年达到顶峰，共有 10395 所。随着对成人高校的调整，1980 年全国共有 2775 所成人高校，之后，成人高校的数量出现锐减趋势，一些有条件举办成人学历继续教育的成人高校或改制，或合并为普通高校。2000 年全国有成人高校 772 所（当年普通高校有 1041 所），以后普通高校数量持续增加，成人高校数量不断减少。2010 年成人高校仅有 365 所，2011 年再减至 353 所。2012 年，全国共有各类高校 2790 所，其中，普通高校 2442 所（本科院校 1145 所，高职校 1297 所），成人高校 348 所（含中央广播电视大学和 44 所省级广播电视大学），普通高校占总数的 87.53%，成人高校仅占 12.47%。2008—2012 年，普通高校数量增长了 7.91%，成人高校数量减少了 13%（见表 1-4）。

表 1-4　2008—2012 年全国普通高校与成人高校数量变化

（单位：所）

学校类别	2008 年	2009 年	2010 年	2011 年	2012 年
普通高校	2263	2305	2358	2409	2442
成人高校	400	384	365	353	348
总计	2663	2689	2723	2762	2790

【数据来源】中国教育统计年鉴 2008—2012 ［M］. 北京：人民教育出版社，2009—2013.

2012 年，成人高校主要以地方院校为主，地方院校有 333 所，占成人高校总数的 95.69%。348 所成人高校中，有 119 所为教育部门创办和管理，占成人高校总数的 34.20%，非教育部门所属的院校占到了 65.80%。

2. 招生数量止跌回升

2008—2011 年，成人高校本专科招生人数连年下降，2012 年，成人高校本专科招生下滑的势头得到扭转，出现小幅回升。2012 年全国成人高校本专科招生数为 19.48 万人，比 2011 年增长了 11.51%。其中，成人本科招生变化不大，比 2011 年增加了 0.08 万人，增长了 4.15%；成人专科招生增长较为明显，比 2011 年增加了 1.93 万人，增长了 12.42%（见图 1-13）。成人高校招生以专科为主，专科招生 17.46 万人，占本专科招生总数的 89.68%，本科招生 2.01 万人，仅占本专科招生总数的 10.32%。

2012 年成人高校招生人数中，脱产学习的人数为 10.23 万人，占招生总人数的 52.52%。从学校类型来看，招生比例最高的依次是：职工高校，占招生总数的 34.20%；广播电视大学，占 32.46%；教育学院，占 23.52%（见图 1-14）。

图 1-13　2008—2012 年成人高校本专科招生人数变化

【数据来源】中国教育统计年鉴 2008—2012 [M]. 北京：人民教育出版社，2009—2013.

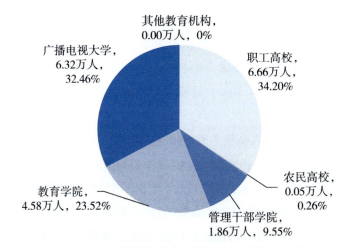

图 1-14　2012 年不同类别成人高校招生人数所占比例分布

【数据来源】中国教育统计年鉴 2012 [M]. 北京：人民教育出版社，2013.

3. 在校生规模逐年缩减

　　2012 年，全国成人高校本专科在校生规模为 43.83 万人，其中，本科在校生人数为 4.84 万人，占总数的 11.04%，比 2011 年减少了 0.15 万人，下降 3.01%；专科在校生为 38.99 万人，占总数的 88.96%，比 2011 年增加了 1.14 万人，增长了 3.01%（见图 1-15）。

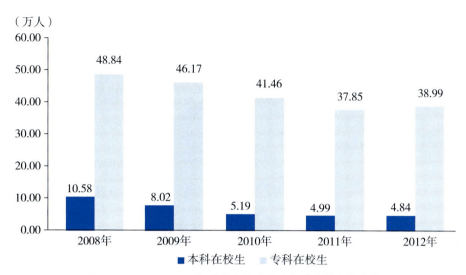

图 1-15 **2008—2012 年成人高校成人本专科在校生数变化**

【数据来源】中国教育统计年鉴 2008—2012 [M]. 北京：人民教育出版社，2009—2013.

2008—2012 年，成人高校本科在校生规模持续下降非常明显，2008 年本科在校生有 10.58 万人，2012 年本科在校生减少至 4.84 万人，减少了 5.74 万人，下降了 54.25%（见图 1-15）。成人高校专科在校生规模也有缩减，但不如本科在校生明显。总体来看，成人高校专科在校生从 2008 年的 48.84 万人减少至 2012 年的 38.99 万人，减少了近 10 万人，下降了 20.17%。

从办学层次上看，成人高校的办学层次以专科为主，专科在校生占在校生总数的近 90%。从办学类型看，与普通高校成人本专科在校生有所不同，成人高校脱产学生比例远远高于普通高校成人脱产学生，在 43.83 万在校生中，脱产学生 21.11 万人，占总数的 48.16%，几乎占到了在校生总数的一半，而普通高校成人脱产学生所占比例仅为 0.18%。

2012 年，成人高校在校生规模最大的是职工高校，共有在校生 15.28 万人，占总数的 34.86%；广播电视大学位居第二，有在校生 14.92 万人，占总数的 34.04%；教育学院有在校生 8.69 万人，占总数的 19.83%；管理干部学院有在校生 4.80 万人，占总数的 10.95%；除其他机构外，规模最小的是农民高校，只有在校生 0.11 万人，占总数的 0.25%（见图 1-16）。

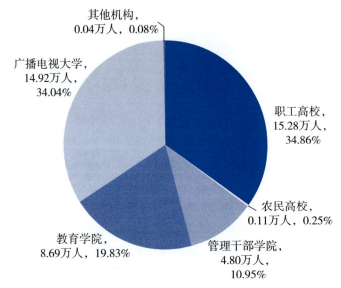

图 1-16　**2012 年不同类型成人高校在校生人数比例分布**

【数据来源】中国教育统计年鉴 2012［M］. 北京：人民教育出版社，2013.

4. 毕业生总数稳中有降

2012 年，全国成人高校本专科毕业生人数为 16.77 万人，其中，本科毕业生人数为 1.95 万人，较上一年变化不大；成人高校专科毕业生人数为 14.82 万人，比 2011 年减少了 2.29 万人，下降了 13.38%。

2008—2012 年，成人高校本专科毕业生人数总体上持续减少，本科毕业生规模缩减较为明显，从 2008 年的 4.82 万人减至 2012 年的 1.95 万人，减少了近 3 万人，特别是 2011 年，比 2010 年减少了 38.56%，2012 年出现反弹，增长了 3.72%，但人数上只增加了 0.07 万人（见图 1-17）。2012 年，成人高校专科毕业生为 14.82 万人，比 2008 年的 17.83 万人减少了 3.01 万人，总量下降了 16.88%（见图 1-17）。

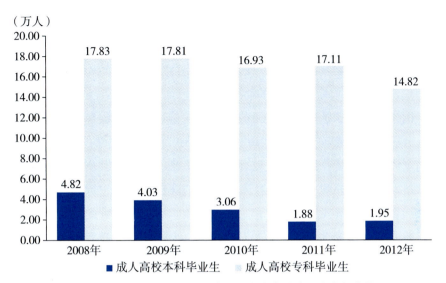

图 1-17　2008—2012 年成人高校成人本专科毕业生人数变化

【数据来源】中国教育统计年鉴 2008—2012［M］．北京：人民教育出版社，2009—2013．

二、远程继续教育拓展发展空间

（一）广播电视大学转型升级

2010 年，《教育规划纲要》明确提出"办好开放大学"的战略目标，同年，《国务院办公厅关于开展国家教育体制改革试点的通知》要求中央广播电视大学和北京、上海、广东、江苏、云南 5 省（市）开展"探索开放大学建设模式"试点，开启了从广播电视大学到开放大学的战略转型。经过两年多的实践探索，开放大学试点工作取得了积极进展。2012 年 7 月 31 日，国家开放大学、北京开放大学、上海开放大学在北京人民大会堂宣布成立，同年 12 月 26 日，经教育部批准，江苏广播电视大学、广东广播电视大学、云南广播电视大学同时更名为江苏开放大学、广东开放大学和云南开放大学。开放大学是在广播电视大学的基础上组建、以现代信息技术为支撑、办学网络立体覆盖各个地域、学历与非学历继续教育并重、面向全体社会成员的没有围墙的新型大学。① 开放大学的建立是加快构建国家终身学习体系的重大战略举措，必将对提高全民族素质、建设人力资源强国和形成全民学习、终身学习的学习型社会产生重大而深远的影响。

1. 国家开放大学积极领跑改革试点

国家开放大学是教育部直属的、以现代信息技术为支撑的、主要面向成人开展远程开放教育的新型高校。② 它在广播电视大学的基础上组建，面向全体社会成员，强调优质教育资源的集聚、整合与共享，强调以现代信息技术为支撑探索现代信息技术与教育的深度融合。它旨在稳步发展学历继续教育，缓解我国高等教育尤其是优质学历继续教育的供求矛盾；大力发展非学历继续教育，满足人们多样化、个性化的受教育需求；将社会优质教育资源输送到广大农村、边疆和少数民族地区，为不同教育水平、不同年龄、不同职业的人提供更好的教育服务和机会。在广播电视大学基础上建设现代开放大学，是满足人民群众多样化学习需求、促进教育公平、克服应试教育弊端和落实素质教育的重要途径，是构建终身教育体系、形成学习型社会的重要支撑，是教育服务国家发展、提高全民族素质的重要措施。

国家开放大学的学历继续教育有两种类型：一是开放教育，分为 3 个层次，即开放教育本科、开放教育专科和"一村一名大学生计划"；二是非计划内学历继续教育，包括统招高等专科学历继续教育、通过国家统一考试入学的高等学历"专升本"教育以及中等专业学历继续教育三种类型。

2012 年，国家开放大学学历继续教育招生突破百万。其中，开放教育春秋两季共招生约 101.41 万人（本科招生 29.44 万人，占开放教育招生总数的 29.03%；专科招生 71.97 万人，占开放教育招生总数的 70.97%）。③

---

① 杨志坚. 中国远程高等教育发展研究报告（2013）［M］. 北京：中央广播电视大学出版社，2014：15.

② 中华人民共和国教育部. 教育部关于同意在中央广播电视大学基础上建立国家开放大学的批复［Z］. 教发函［2012］103 号，2012.

③ 杨志坚. 中国远程高等教育发展研究报告（2013）［M］. 北京：中央广播电视大学出版社，2014：2.

2012 年，国家开放大学学历继续教育在校生近 400 万人，绝大部分为开放教育在校生，约有 351.10 万人。其中，开放教育本科在校生 100.14 万人，占开放教育在校生总数的 28.52%，专科在校生 250.96 万人，占开放教育在校生总数的 71.48%。

开放大学学历继续教育主要以专科和本科（专科起点）为主。2012 年春季，国家开放大学设有开放教育专业 89 个，其中，本科（专科起点）专业 26 个，专科专业 63 个（含"一村一名大学生计划"专业 16 个）；2012 年秋季，设有开放教育专业 91 个，其中本科（专科起点）专业 26 个，专科新增 2 个专业，共 65 个（含"一村一名大学生计划"专业 16 个）。2012 年 6 月，经教育部批准，中央广播电视大学被赋予设立本科专业的权利，首批设 19 个本科专业，包括金融学、计算机科学与技术、法学、英语、工商管理、会计学、机械设计制造及其自动化、土木工程、汉语言文学、数学与应用数学、公共事业管理（教育管理）、水利水电工程、小学教育、公共事业管理（卫生事业管理）、行政管理、广告学、物流管理、社会工作、学前教育。

2012 年，国家开放大学开放教育的毕业生有 73.47 万人，其中本科毕业生 20.64 万人，专科毕业生 52.83 万人。在开放教育毕业生中，有 9273 人获得学士学位证书。

2012 年，国家开放大学以制度框架建设、办学组织体系建设和信息化建设三个支柱为重点，以教育教学为核心，深化教育教学改革，逐步完善自身的学历继续教育和非学历继续教育体系，推进国家开放大学实体建设，在办学场地、教学设备、信息环境、师资力量等方面加大投入，改善办学条件，增强办学实力。国家开放大学在数字化教学资源建设方面也取得了重大进展：启动了首批 36 门课程全媒体学习资源建设，其中 23 门课程已完成全媒体资源设计方案的编制和审定；启动建设 100 门网络核心课程，利用视频、音频等多媒体形式，建设 3000 个集学历继续教育、非学历继续教育于一体的教学目标清楚、实用性强的微课程；承办"国家数字化教育资源中心"建设，积聚各类学历继续教育、非学历继续教育课程 25055 门，发布 23308 门；建立职业经理人、广播电视大学开放课堂、国外名校公开课、超星学术视频、虚拟实验实训、艺术欣赏等特色专题 129 个，逐步实现优质资源向社会大众开放。

2. 5 所地方开放大学凸显各自特色

北京、上海、江苏、广东、云南等 5 所地方开放大学均是由地方政府领导和管理，以现代信息技术为支撑，面向成人开展远程开放教育的新型高校。[①]

2012 年，5 所地方开放大学尚未以开放大学的名义招收学历继续教育学生，其学历继续教育的学生均为国家开放大学开设专业的学生。2012 年，5 所地方开放大学有不同类型的学历继续教育在校生，共计 66.98 万人。其中，本科在校生 16.11 万人，占 24.05%；专科在校生 42.80 万人，占 63.90%。5 所地方开放大学中，广东开放大学和江苏开放大学学历继续教育在校生规模最大，广东开放大学为 19.76 万人，占学历继续教育在校生总数的 29.50%；江苏开放大学为 15.76 万人，占学历继续教育在校生总数的 23.53%（见表 1-5）。

表 1-5　2012 年北京开放大学等 5 所开放大学学历继续教育在校生规模

（单位：万人）

学历继续教育类别		在校生规模				
		北京开放大学	上海开放大学	江苏开放大学	广东开放大学	云南开放大学
广播电视大学开放教育	本科	3.67	3.08	4.43	3.77	1.16
	专科	7.10	7.67	10.85	13.56	3.62
高职		0.01	0.00	0.48	0.97	0.77
成人高考		0.22	0.00	0.00	0.17	0.20
中专		3.20	0.25	0.00	1.29	0.25
其他		0.00	0.00	0.00	0.00	0.26
总计		14.20	11.00	15.76	19.76	6.26

【数据来源】杨志坚. 中国远程高等教育发展研究报告（2013）［M］. 北京：中央广播电视大学出版社，2014：31-33.

---

① 中华人民共和国教育部. 教育部关于同意江苏广播电视大学更名为江苏开放大学的函［Z］. 教发函〔2012〕263 号，2012.

2012 年，5 所地方开放大学开放教育毕业生累计 14.33 万人，其中，开放教育本科毕业生 3.92 万人，占开放教育毕业生总数的 27.36%；开放教育专科毕业生 10.41 万人，占开放教育毕业生总数的 72.64%。在开放教育毕业生总量中，广东开放大学开放教育毕业生比例最大，占 35.10%，江苏开放大学次之，占 22.75%（见表 1-6）。

表 1-6　2012 年北京等 5 所开放大学开放教育毕业生规模

（单位：万人）

广播电视大学开放教育	毕业生规模				
	北京开放大学	上海开放大学	江苏开放大学	广东开放大学	云南开放大学
本科	0.71	0.94	0.97	1.10	0.20
专科	1.25	2.29	2.29	3.93	0.65
总计	1.96	3.23	3.26	5.03	0.85

【数据来源】杨志坚. 中国远程高等教育发展研究报告（2013）[M]. 北京：中央广播电视大学出版社，2014：31-33.

5 所地方开放大学按照建设开放大学的要求，在专业设置、教学模式、学习方式等方面积极探索，改革试点扎实推进。

北京开放大学努力实现对学习媒体开放、对学生入学开放、对教学人员开放、对课程选择开放、对学习方法开放、对学习环境开放、对教学模式开放、对教学理念开放。从四个方面入手进行建设：一是，充分利用现代信息技术，以三网为载体，整合各类优质资源，开展开放式学历继续教育和非学历继续教育；二是，进一步扩大开放，适应学习者的广泛性和学习需求的多样性；三是，以学习者为本，实行宽进严出的招生管理制度，采用入学资格认证基础上免试入学、随时注册的方法；四是，建立北京市民终身学习远程服务中心、终身教育数字化资源库。北京开放大学致力于探索技术和教育的深度融合，通过网络学习平台，把技术作为教学手段创新的核心要素，从教学组织形式、教学内容和呈现方式进行改革，从而形成新型"教与学"关系，构建"有支持的自主学习"模式。北京开放大学研发"一站式学习平台",集课程内容、交流研讨、行政管理、教学评估、学生学习和质量保证等六大功能于一体,充分支持求学者开展自主学习。

上海开放大学主要依托上海广播电视大学,利用上海远程教育集团的综合资源,基于原有教育资源平台,开展各类成人教育。同时,上海开放大学整合上海广播电视大学、区(县)业余大学、社区学院、行业企业职工大学等继续教育资源,融合、吸纳普通高校的优质资源,聚合各级各类成人教育与培训资源,按照"为了一切学习者,一切为了学习者"的办学宗旨,面向社会全体成员,围绕"人人皆学、时时能学、处处可学"的目标,通过遍及全市的办学系统,为学习者提供便捷、灵活、丰富的教育服务。上海开放大学相继成立了 5 个特色学院,为残疾人、老年人、农业人员、女性和服刑人员提供个性化服务。同时,积极推进上海终身教育资源库和上海学习平台建设,以平台和资源为重要基础,组建学历教学平台、上海教育资源库、上海终身学习网等资源,已覆盖高等教育、职业教育、社区教育、老年教育等八大类。探索建立学分银行机制,2012 年上海市终身教育学分银行正式开通运行,为学习者提供和建立学习账户,使各类成人教育所获学分得以相互认同和转换,同时尝试中等学历继续教育与高等成人学历继续教育之间的衔接沟通,为成人学历继续教育和非学历继续教育的融通创造条件。

江苏开放大学探索"大学""平台""体系"三位一体的教育体系,即建设开放性的大学实体、全民学习的服务平台和终身教育的支持体系。江苏开放大学以"江苏学习在线"网络平台为载体,探索建设学分银行。在"江苏学习在线"注册的学习者,任何时间、任何地点所学的课程、获得的学分及学分获得的时间都会有明确翔实的记录,并存储到江苏开放大学学分银行中。学习者可按"江苏学习在线"证书获取的相关规定,自主申请技能培训等相关证书,最终得到纸质认证;另外,学习者所学课程及所获学分,可以通过相应的途径与社会化培训或学历证书的课程进行学分置换,进而取得相关证书。江苏省教育厅印发《江苏省终身教育学分银行管理办法(试行)》,明确了学分银行的性质、组织架构、服务内容、账户注册、学分管理及应用具体流程等,营造了良好的政策环境。

（二）高校网络教育从扩张转向内涵发展

现代信息技术的迅猛发展和广泛应用，正在对教育产生巨大的影响，远程网络教育应运而生。远程网络教育的优点在于学习者可以不受时间、空间的限制，通过网络根据自己的情况随时随地地、自主地安排学习活动，学习方式灵活，可以满足更广泛的人群的学习需求，具有广阔的发展空间。自 1999 年以来，全国共有 68 所普通高校和中央广播电视大学由教育部授权开展现代远程教育（网络学历继续教育）试点，试点院校基本上是教育部直属高校，特别是"211 工程"的重点大学。远程网络教育资源分布集中度由高至低依次为华北地区、华东地区、东北地区、西南地区、华中地区、西北地区和华南地区。其中，华北地区中的京津地区有 21 所试点院校，华东地区有 15 所，占全国试点院校的一半以上，而华南、西北等地区试点院校较少。

近年来，网络教育学生规模逐年扩大，办学层次主要以专科为主，包括高中起点专科、高中起点本科和专升本三种层次类型。招生专业主要分布于除哲学以外的 10 个学科门类，其中，管理学招生人数最多，其次是工学，第三位是法学。

1. 以专科层次为主，学生规模逐年扩大

2012 年，全国网络教育本专科招生 196.45 万人，比 2011 年的 187.15 万人增加了 9.30 万人，增长了 4.97%。其中，本科招生 69.67 万人，占招生总数的 35.46%；专科招生 126.78 万人，占招生总数的 64.54%，网络教育招生以专科层次为主（见图 1-18）。

2008—2012 年，网络教育本科招生从 53.59 万人增至 69.67 万人，增加了 16.08 万人，增长了 30.01%。本科招生增长最快的是 2011 年，比上一年增长了 15.87%，其次是 2012 年，比上一年增长了 8.18%（见图 1-18）。

2008—2012 年，网络教育专科招生从 93.63 万人增至 126.78 万人，增加了 33.15 万人，增长了 35.41%，高于本科招生增长率。

2012 年，全国网络教育本专科在校生共计 570.41 万人，比 2011 年增加了 77.93 万人，比 2010 年增加了 117.27 万人，增加较为明显。其中，

图 1-18　**2008—2012 年全国网络教育本专科招生数变化**

【数据来源】中国教育统计年鉴 2008—2012 ［M］. 北京：人民教育出版社，2009—2013.

本科在校生 200.27 万人，占在校生总数的 35.11%，专科在校生 370.14 万人，占在校生总数的 64.89%。

2008—2012 年，全国网络教育本专科在校生从 355.89 万人增至 570.41 万人，增加了 214.51 万人，增长 60.27%。5 年间，网络教育本科在校生规模从 2008 年的 144.67 万人增至 2012 年的 200.27 万人，增加了 55.60 万人，增长了 38.43%。增长最快的是 2012 年，较上一年增长了 14.13%（见图 1-19）。

2008—2012 年，全国网络教育专科在校生从 211.22 万人增至 370.14 万人，增加了 158.92 万人，增长了 75.24%，明显高于本科在校生增长规模。

2012 年，全国网络教育本专科共计毕业学生 136.08 万人，比 2011 年增长了 4.74%，其中，本科毕业生 47.79 万人，占毕业生总数的 35.12%，专科毕业生 88.29 万人，占毕业生总数的 64.88%。

从 2008—2012 年的数据来看，网络教育本专科毕业生规模逐年持续扩大，从 2008 年的 90.15 万人，增至 2009 年的 98.35 万人，再增至 2010 年的 110.55万人，2011 年跃升至 129.92 万人，2012 年再创新高达到 136.08 万人，

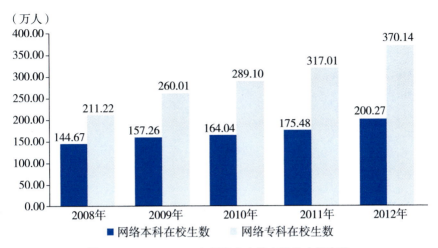

图 1-19　**2008—2012 年网络本专科在校生人数变化**

【数据来源】中国教育统计年鉴 2008—2012 [M]. 北京：人民教育出版社，2009—2013.

比 2008 年增加了 45.93 万人，增长了 50.96%（见图 1-20）。其中，网络教育本科毕业生人数从 2008 年的 40.38 万人增至 2012 年的 47.79 万人，增加了 7.41 万人，增长了 18.35%；专科毕业生人数从 2008 年的 49.77 万人增长至 2012 年的 88.29 万人，增加了 38.52 万人，增长了 77.40%，专科毕业生增长率明显高于本科毕业生增长率（见图 1-20）。

2012 年网络教育授予学位的人数为 3.47 万人，比 2011 年授予学位的人数增加了 0.37 万人。

2. 网络本专科与成人本专科学科分布存在趋同

2012 年，全国普通高校成人本科招生分布于法学、工学、管理学、教育学、经济学、理学、历史学、农学、文学、医学、哲学等 11 个学科门类，其中，管理学招生人数最多，其次是工学，第三位是医学（见图1-21）。

2012 年，网络本科招生 69.67 万人，分布于除哲学以外的 10 个学科门类，其中，管理学招生人数最多，其次是工学，第三位是法学（见图1-21）。

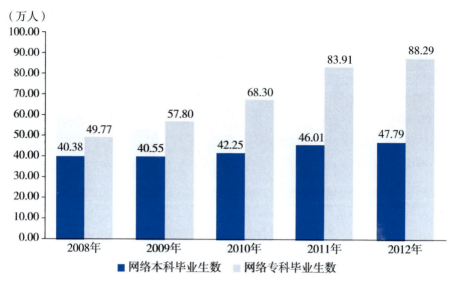

图 1-20　2008—2012 年网络本专科毕业生人数变化

【数据来源】中国教育统计年鉴 2008—2012 ［M］. 北京：人民教育出版社，2009—2013.

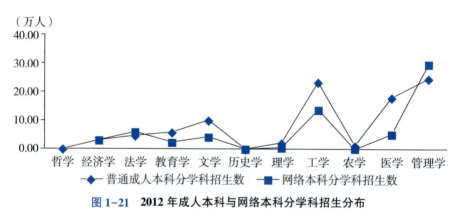

图 1-21　2012 年成人本科与网络本科分学科招生分布

【数据来源】中国教育统计年鉴 2012 ［M］. 北京：人民教育出版社，2013.

　　2012 年，全国普通成人专科招生分布于 18 个学科大类，其中，财经大类招生规模最大，其次是文化教育大类，第三位是医药卫生大类（见图 1-22）。

　　2012 年，网络专科招生规模最大的是财经大类，其次是公共事业大类，第三位是文化教育大类（见图 1-22）。

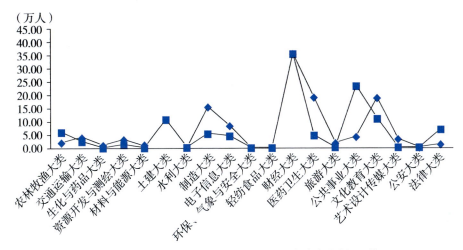

图1-22 **2012年成人专科与网络专科分学科招生分布**

【数据来源】中国教育统计年鉴2012［M］.北京：人民教育出版社，2013.

网络本专科与成人本专科学科分布表现出过强的一致性和趋同性，不利于学科优势和特色的形成。

三、高等教育自学考试亟待改革完善

高等教育自学考试是我国高等教育基本制度之一，是个人自学、社会助学和国家考试相结合的一种教育形式。自1981年批准创立以来，高等教育自学考试由于其开放灵活的形式、自主学习以及面向社会人群和弱势群体的特点产生了巨大的社会效益，培养了大批高素质的人才，在建设人力资源强国中发挥了重要的作用。同时，它还是终身教育的一种有效形式，有助于构建学习型社会，在充分利用社会教育资源的基础上，实现了效益的最大化，促进了教育公平的发展。

近年来，随着我国高等教育的发展，高等教育入学机会不断增多，高等教育自学考试呈现出一些新的变化和特征：一是总体稳步发展，学历继续教育部分报考人数有所下降，非学历继续教育部分快速增长；二是继续教育功能逐步凸显，在职考生比例加大，考生的考前学历层次明显提高；三是学位结构发生变化，本科教育需求高于专科教育需求，专科教育报考人数下降，本科教育报考规模扩大；四是专业设置向多样化、职业化方向发展。

（一）总规模保持平稳态势

1. 报考人数总体平缓下滑

2012 年，全国高等教育自学考试报考人次为 853.90 万，其中，本科报考人次为 618.99 万，占报考总人次的 72.49%；专科报考人次为 234.91 万，占报考总人次的 27.51%。2008—2012 年，高等教育自学考试报考人次持续减少，从 2008 年的 988.82 万人次下降到 2011 年的 922.67 万人次，再到 2012 年的 853.90 万人次，5 年间报考人次减少 134.92 万，减少了 13.64%（见图 1-23）。

图 1-23　2008—2012 年全国高等教育自学考试本专科报考人次变化

【数据来源】中国教育统计年鉴 2008—2012 ［M］. 北京：人民教育出版社，2009—2013.

报考人次减少主要集中在专科层次，反映出我国高等教育自学考试的层次需求发生了变化。2008—2012 年，高等教育自学考试本科报考人次出现小幅波动，但总体规模保持在 600 万至 700 万之间，报考人次最多的是 2009 年，达到了 657.05 万人，其次是 2011 年，报考人次为 641.63 万。而专科报考人次下降幅度较大，从 2008 年的 386.60 万下降至 2012 年的 234.91 万，减少了 151.69 万，减少了 39.24%。

2. 在档考生规模保持增长

2012 年，全国高等教育自学考试在档考生达 6836.39 万人，比 2011 年增长了 2.12%。其中，本科在档考生为 2721.67 万人，占在档考生总数的 39.81%，专科在档考生为 4114.72 万人，占在档考生总数的 60.19%。2008—2012 年，无论是本科在档考生人数，还是专科在档考生人数均持续增加，专科在档考生增加 236.35 万人，增长 6.09%，本科在档考生增加 509.75 万人，增长 23.05%（见图 1-24）。

图 1-24　**2008—2012 年全国高等教育自学考试本专科在档考生变化**

【数据来源】中国教育统计年鉴 2008—2012 ［M］. 北京：人民教育出版社，2009—2013.

3. 毕业生总量时有波动

2012 年，全国高等教育自学考试本专科共计毕业 73.11 万人，其中，本科毕业生 53.59 万人，占毕业生总数的 73.30%，专科毕业生 19.52 万人，占毕业生总数的 26.70%。

2008—2012 年，全国高等教育自学考试毕业生中本科毕业生增加较快，而专科毕业生变化不大。本科毕业生从 2008 年的 37.29 万人增加至 2012 年的 53.59 万人，增加了 43.71%，而专科毕业生从 2008 年的 17.90

万人增加至 2012 年的 19.52 万人，增加了 1.62 万人，增加了 9.05%，其间，2009 年、2010 年和 2011 年专科毕业生连续突破 20 万人，但 2012 年又减至 20 万人以下（见图 1-25）。

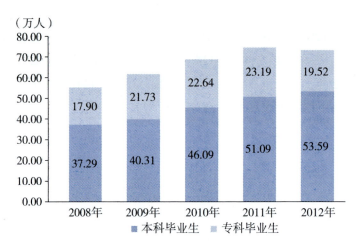

（万人）

图 1-25　**2008—2012 年全国高等教育自学考试本专科毕业生变化**

【数据来源】中国教育统计年鉴 2008—2012 ［M］. 北京：人民教育出版社，2009—2013.

（二）开考专业趋于多样化

高等教育自学考试专业设置适应经济社会变化和人才培养的要求，逐步从传统以理论为主向以职业技能、应用为主转变，面向地方经济、面向行业企业、面向新农村建设开设特色专业。

据统计，2012 年，全国共开考 821 个专业方向，其中，本科层次专业 394 个，占开考专业总数的 47.99%，专科层次专业 427 个，占开考专业总数的 52.01%，覆盖哲学、经济学、法学、管理学、文学、历史学、教育学、理学、工学、农学、医学和军事学等 12 大学科专业门类。[①] 全国有 644 所高校担任了主考学校，与 16 个部委、行业合作开考 41 个专业。全国 31 个省区市注册登记的社会助学组织有 1577 个，注册在学（在读）学

---

①　杨志坚. 中国远程高等教育发展研究报告（2013）［M］. 北京：中央广播电视大学出版社，2014：133，153.

生有 191.40 万人。全国建立起中央、省、地、县四级高等教育自学考试管理体系，每年定期组织 4 次全国统一的课程考试。

非学历继续教育证书考试是促使高等教育自学考试可持续发展的新的增长点，主要包括专业水平考试和职业资格考试两大类。非学历继续教育专业水平考试主要指计算机、外语、教育技术等工具性学科的发展水平考试；非学历继续教育职业资格考试是全国高等教育自学考试指导委员会与各部门、各行业及国外考试机构合作开发和联合实施的考试项目。2012年，全国非学历继续教育项目报考规模约 1200 万人次（含各省非学历证书考试项目），比 2011 年增加 47.40 万人次，增长 4.10%，其中，全国统一非学历考试共开考 25 个项目，规模达 900.56 万人次，比 2011 年增长 5.56%。2008—2012 年，全国统一开考的非学历证书项目报考规模持续平稳增长，从 660.76 万人次增至 900.56 万人次（见图 1-26）。

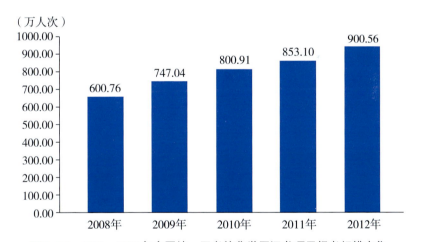

图 1-26　2008—2012 年全国统一开考的非学历证书项目报考规模变化

【数据来源】中国教育统计年鉴 2008—2012［M］. 北京：人民教育出版社，2009—2013.

四、成人中等学历继续教育坚持减量提效

成人中等学历继续教育是一种补充型的继续教育。它的主要任务是使

尚未具有和已经具有初中毕业文化程度的从业人员和社会青年，经过补偿性学习，基本达到初高中毕业水平，为进一步学习技术、业务或接受岗位培训、继续升学打下文化基础。成人中等学历继续教育包括了成人中专、成人初中和成人高中三个层次。它是我国教育事业发展过程中，由教育人口基数庞大、教育资源短缺和供给不足、基础教育普及程度不高而形成的特定历史产物，在提高劳动者文化素质和技能水平方面发挥了"拾遗补阙"的作用。随着我国教育水平不断提高、九年义务教育全面普及、高中教育蓬勃发展以及中高等职业教育加速发展，成人中等学历继续教育补偿性功能日渐弱化，办学规模呈现出不断缩减的趋势。

（一）成人高中趋于萎缩

随着我国经济社会的发展，教育事业取得长足发展，高中教育逐步普及，高中阶段毛入学率达到约85%，成人高中办学规模自然有所缩小。

2012年，全国有成人高中696所，其中，职工高中178所，农民高中518所。成人高中比2011年减少161所，减少18.79%。2008—2012年，成人高中学校数量从763所减少至696所，下降了8.78%；教学班（点）从2346个减少至1885个，下降了19.65%。

2012年，成人高中有在校生14.41万人，比2011年减少12.04万人，下降45.52%。其中，职工高中有在校生5.28万人，占在校生总数的36.64%，农民高中有在校生9.13万人，占在校生总数的63.36%。2008—2012年，成人高中在校生总体规模不大，基本维持在15万人以下，但2011年猛增至26.45万人，比上一年增长了130.00%，2012年又有所回落，下降至15万人以下（见图1-27）。

2012年，成人高中有毕业生11.62万人，其中，职工高中毕业生为4.19万人，农民高中毕业生为7.43万人。2008—2010年，成人高中毕业生每年不足10万人，2011年大幅增长，达到22.20万人，2012年出现波动，比上一年减少10.58万人，下降47.66%（见图1-27）。

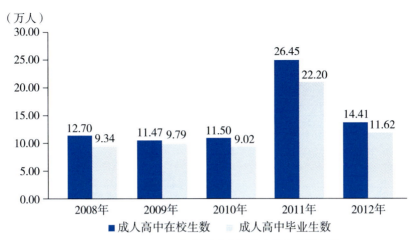

图 1-27 2008—2012 年全国成人高中在校生人数变化

【数据来源】中国教育统计年鉴 2008—2012 [M]. 北京：人民教育出版社，2009—2013.

（二）成人中专减速趋缓

自 2000 年以来，我国成人中专学校数量持续减少，2000 年全国有 4634 所成人中专，至 2005 年减少了近一半，只剩 2582 所。2008 年有成人中专 1983 所，2012 年减至 1564 所，2008—2012 年，成人中专学校数量减少了 419 所，减少了 21.13%（见图 1-28）。

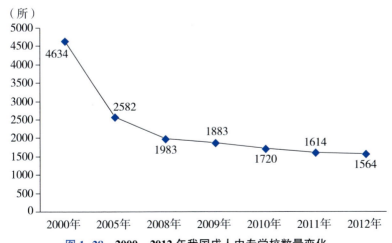

图 1-28 2000—2012 年我国成人中专学校数量变化

【数据来源】中国教育统计年鉴 2000—2012 [M]. 北京：人民教育出版社，2001—2013.

　　虽然我国成人中专数量明显减少，但是成人中专的招生人数基本保持着增长的态势。2008 年，成人中专招生只有 55.83 万人，2009 年增长了 55.63%，达到了 86.89 万人，2010 年继续较快增长，增至 116.11 万人，达到 5 年间的最高值，2011 年和 2012 年招生人数都保持在 100 万人左右（见图 1-29）。

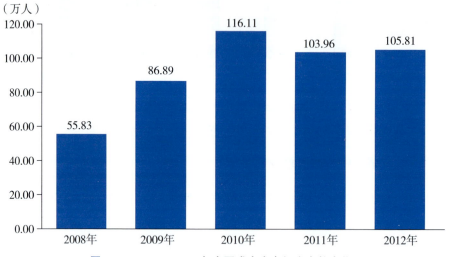

图 1-29　**2008—2012 年全国成人中专招生人数变化**

【数据来源】中国教育统计年鉴 2008—2012〔M〕. 北京：人民教育出版社，2009—2013.

　　同样，未受成人中专学校数量减少的影响，全国成人中专在校生规模持续扩大。2008 年，成人中专在校生只有 120.65 万人，2009 年和 2010 年成人中专在校生人数分别增至 160.99 万人和 212.40 万人，增长率都达到了 30% 以上，2011 年继续增加至 238.73 万人，2012 年达到了 254.27 万人（见图 1-30）。总体来看，成人中专在校生规模从 2008 年的 120.65 万人增加至 2012 年的 254.27 万人，增加了 133.62 万人，增长了 110.75%。2008—2012 年，成人中专在校生校均规模不断扩大，2008 年成人中专校均规模为 608.40 万人，2012 年校均规模达 1625.80 万人，校均规模增长了 167.23%。

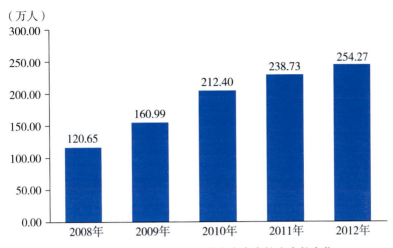

图 1-30 **2008—2012 年全国成人中专在校生人数变化**

【数据来源】中国教育统计年鉴 2008—2012［M］. 北京：人民教育出版社，2009—2013.

2012 年，成人中专有毕业生 71.63 万人，比 2011 年增加 18.54 万人，增长了 34.92%。2008—2012 年，成人中专毕业生人数增长较快，2012 年比 2008 年增加了 32.73 万人，增长了 84.14%（见图 1-31）。

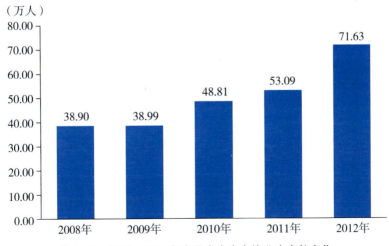

图 1-31 **2008—2012 年全国成人中专毕业生人数变化**

【数据来源】中国教育统计年鉴 2008—2012［M］. 北京：人民教育出版社，2009—2013.

(三) 成人初中举步维艰

自2000年开始，我国成人初中学校数量出现多次波动：2000年为2001所，2005年增加至2064所，但是到了2008年，学校数量滑落至1401所，比2005年减少了663所；2011年，成人初中学校数量猛增至2055所，比上一年增加了466所，2012年，成人初中学校数量又调整至1578所，减少了477所。

2012年，成人初中在校生63.08万人。其中，职工初中在校生8.56万人，占在校生总数的13.57%；农民初中在校生54.52万人，占在校生总数的86.43%。

2008—2012年，全国成人初中在校生规模总体呈波动态势，从2008年的43.32万人增至2010年的63.00万人后，2011年在校生减少了13.57%，2012年在校生规模再次达到了63.08万人，比上一年增加了15.85%（见图1-32）。

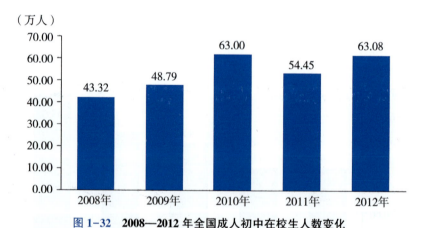

图 1-32　2008—2012 年全国成人初中在校生人数变化

【数据来源】中国教育统计年鉴 2008—2012 [M]. 北京：人民教育出版社，2009—2013.

2012年，成人初中共有63.26万人毕业。其中，职工初中班毕业生6.88万人，占毕业生总数的10.88%；农民初中班毕业生56.38万人，占毕业生总数的89.12%。

2008—2012年，成人初中毕业生规模持续在60万人上下变化波动。

2008 年，成人初中毕业生有 66.52 万人，是五年来毕业生最多的一年，2009 年是成人初中毕业生人数最少的一年，只有 55.14 万人（见图 1-33）。2012 年较 2008 年，成人初中毕业生人数减少了 3.26 万人，减少了 4.90%。

图 1-33 **2008—2012 年成人初中毕业生人数变化**

【数据来源】中国教育统计年鉴 2008—2012 ［M］. 北京：人民教育出版社，2009—2013.

[第二章]

非学历继续教育进展

《教育规划纲要》明确指出，"要大力发展非学历继续教育，稳步发展学历继续教育"，强调了发展非学历继续教育的重要性，对发展非学历继续教育提出了新的要求。非学历继续教育在教育改革与发展中担负着重要的责任，扮演着重要的角色，是继续教育快速发展的新引擎。

非学历继续教育是指以在职成人为主要教育对象，通过短期培训，对学习者进行知识补充、拓展和技能更新，进一步完善知识结构，提高创造力和专业技术水平的一种追加教育，是继续教育的重要组成部分。非学历继续教育的重点是面向从业人员，以及有创业、择业、转岗需求的人员和就业困难及失业人员开展相应的职业教育培训，使他们在职业道德、文化知识、专业技术和实践能力等方面满足相应岗位的要求；面向各类社会成员开展形式多样的道德规范、科技文化、文明生活和健康教育，满足人们日益增长的精神文化和幸福生活的需求。非学历继续教育的领域不断拓展，囊括了学校非学历继续教育、工作场所的教育培训、社区教育等，非学历继续教育以其学习时间的灵活性、学习内容的自主性、学习手段的便捷性深受广大社会成员，特别是从业人员的青睐，非学历继续教育的需求不断加大，地位不断提升，正逐步从边缘走向主流。

一、学校非学历继续教育发展不断提速

高校、中等职业技术培训学校（机构）是开展非学历继续教育的两大

主力军。很长时间以来，我国高校和中等职业学校以学历继续教育为主，非学历继续教育范围有限，主要包括高校（含高等职业学校、成人高校）和中等职业学校开展的不授予学历学位的继续教育项目、培训项目，以及在国内以非学历形式举办的涉外教育培训项目。随着我国向市场经济转型的加速以及社会就业竞争的加剧，学校继续教育功能不断拓展，人才培养已不仅仅限于学历继续教育，非学历继续教育的比重越来越大，传统以学历补偿教育为主的继续教育模式向职业培训、文化休闲等非学历继续教育转变。一个明显的趋势是非学历继续教育发展不断提速，高层次教育培训需求持续升温，中等层次非学历继续教育培训量大面广，但受培训市场的影响，起伏波动较大。

2012 年，全国高校、中等职业学校、中等职业技术培训学校（机构）非学历继续教育注册生总规模为 5364.65 万人。其中，高校有非学历继续教育注册生 394.84 万人，占非学历继续教育注册生总规模的 7.36%；中等职业学校有非学历继续教育注册生 402.46 万人，占 7.50%；中等职业技术培训学校（机构）有非学历继续教育注册生 4567.35 万人，占 85.14%。

2012 年，全国高校、中等职业学校、中等职业技术培训学校（机构）有非学历继续教育结业生 6315.58 万人。其中，高校非学历继续教育结业生为 778.54 万人，占非学历继续教育结业生总规模的 12.33%；中等职业学校有非学历继续教育结业生 713.68 万人，占 11.30%；中等职业技术培训学校（机构）有非学历继续教育结业生 4823.36 万人，占 76.37%。

（一）高校非学历继续教育彰显优势和特色

高校在发展非学历继续教育中发挥主阵地的作用，具有发展非学历继续教育得天独厚的优势，拥有丰富的教育资源以及优秀的师资力量。特别是地方高校和成人高校与当地经济社会联系紧密，能够及时准确了解培训需求，获得培训信息，有针对性地开发培训课程和培训项目，办学活力进一步激发，培训能力和培训质量进一步提升。

高校开展非学历继续教育形式多样，既包括研究生课程进修班、普通预科班、自考助学班和各种进修及培训，也包括面向在职成人的专题研修班、模块化的课程、讲座、企业委托的内训以及面向社会成员的考试辅导班等。

高校非学历继续教育培训正呈现积极的发展态势，越来越多的高校加快发展非学历继续教育，坚持学历继续教育与非学历继续教育协调发展。各高校结合自身的优势和特色，通过深化改革，加强与行业、企业、社区的合作，开展大学后继续教育、中高层次岗位培训、职业资格证书培训，开拓教育培训新领域。非学历继续教育注册生和结业生数量都持续较快增长。

1. 学生数量大幅增长

2012 年，高校非学历继续教育注册生数达 394.84 万人，比 2010 年增加了 61.95 万人，增长了 18.61%，其中，女性 174.76 万人，占注册生总数的 44.26%，比 2010 年降低了 4.90 个百分点。2008—2012 年，高校非学历继续教育注册生数不断增长，2012 年比 2008 年增加了 123.01 万人，增长了 45.25%。其中，2011 年高校非学历继续教育注册生数达到最高值，达到 405.14 万人。

2012 年，高校非学历继续教育注册学生中，研究生课程进修班有注册生 7.38 万人，占注册生总数的 1.87%；自考助学班有注册生 39.74 万人，占注册生总数的 10.06%；普通预科班有注册生 3.77 万人，占注册生总数的 0.95%；参加进修及培训的注册生比重最大，增长最快，为 343.95 万人，占 87.11%（见表 2-1）。

表 2-1　2010—2012 年高校非学历继续教育注册生规模变化

（单位：万人）

年份	注册生数						
	研究生课程进修班	自考助学班	普通预科班	进修及培训			
				总计	资格证书培训	岗位证书培训	其他
2010	6.50	59.51	3.20	263.69	41.07	36.45	186.17
2011	6.71	47.04	3.23	348.16	89.38	97.63	161.15
2012	7.38	39.74	3.77	343.95	106.30	69.62	168.03

【数据来源】中国教育统计年鉴 2010—2012 ［M］. 北京：人民教育出版社，2011—2013.

2012 年，高校非学历继续教育共有 778.53 万人结业，比 2010 年增加了 65.97 万人，增长了 9.26%。各种非学历继续教育进修及培训的结业生达 755.01 万人，占非学历继续教育结业生总数的 96.98%，比 2010 年的 688.24 万人，增加 66.77 万人，增长了 9.70%。其中，资格证书培训结业生为 225.06 万人，比 2010 年（131.55 万人）增加 93.51 万人，岗位证书培训结业生 215.96 万人，比 2010 年（106.99 万人）增加 108.97 万人。2008—2012 年，高校非学历继续教育的结业生数基本呈增长趋势，2012 年高校非学历继续教育结业生比 2008 年增加 340.58 万人，增长 77.77%，5 年间各类非学历继续教育累计结业 3137.92 万人（见图 2-1）。

图 2-1 **2008—2012 年高校非学历继续教育学生规模变化情况**

【数据来源】中国教育统计年鉴 2008—2012 ［M］. 北京：人民教育出版社，2009—2013.

2. 普通高校保持办学规模

普通高校、成人高校、民办的其他高等教育机构是我国高等非学历继续教育的主要办学机构。成人高校在非学历继续教育中以各类进修及培训见长，民办的其他高等教育机构则主要承担自考助学教育及进修培训教育的职责。普通高校在非学历继续教育中的作用不断提升，优势进一步凸显，提供了 99% 的研究生课程进修教育、55% 以上的自考助学教育和 67% 以上的各类进修及培训。

2012 年，普通高校非学历继续教育注册生数居各类高校之首，共有 265.84 万人，占高等非学历继续教育注册生总数的 67.33%；民办的其他高等教育机构非学历继续教育注册生数为 82.84 万人，占高等非学历继续教育注册生总数的 20.98%；成人高校非学历继续教育注册生数为 46.14 万人，占高等非学历继续教育注册生总数的 11.69%（见图 2-2）。

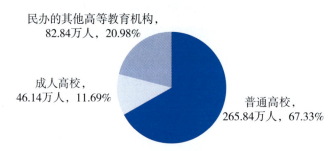

图 2-2 **2012 年各类高校非学历继续教育注册学生规模分布**

【数据来源】中国教育统计年鉴 2012［M］．北京：人民教育出版社，2013．

2012 年，普通高校非学历继续教育结业生 459.36 万人，占高等非学历继续教育结业生总数的 59.01%；民办的其他高等教育机构非学历继续教育结业生 233.10 万人，占 29.94%；成人高校非学历继续教育结业生 86.05 万人，占 11.05%。

3. 进修及培训占主体地位

高校非学历继续教育主要包括研究生课程进修班、普通预科班、自考助学班、各种进修及培训等 4 种类型。2012 年，在 394.84 万高等非学历继续教育注册生中，进修及培训类的注册生共有 343.95 万人，占 87.11%，其余各部分分别为：研究生进修班注册生占 1.87%、自考助学班注册生占 10.06%、普通预科生班注册生占 0.95%（见图 2-3）。

2012 年，高校非学历继续教育进修及培训以短期培训为主。从培训时间看，有半数以上的培训注册生参加 1 个月内的培训；16.64% 的培训注册生参加 1—3 个月的培训；11.91% 的注册生参加 3 个月至半年的培训；参加半年至 1 年培训的注册生占 8.88%；而参加 1 年及以上培训的仅占 5.37%（见表 2-2）。

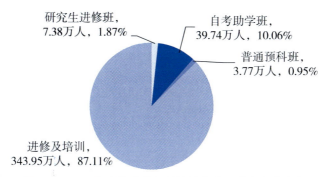

研究生进修班，7.38万人，1.87%

自考助学班，39.74万人，10.06%

普通预科班，3.77万人，0.95%

进修及培训，343.95万人，87.11%

图2-3　2012年高校非学历继续教育注册学生分类分布

【数据来源】中国教育统计年鉴2012［M］. 北京：人民教育出版社，2013.

表2-2　2012年高校非学历继续教育培训注册学生人数及构成

培训时间	注册生（万人次）	所占百分比（%）
1个月以内	193.30	57.20
1—3个月	56.25	16.64
3个月—半年	40.25	11.91
半年—1年	30.00	8.88
1年及以上	18.16	5.37
总　计	337.96	100.00

【数据来源】中国教育统计年鉴2012［M］. 北京：人民教育出版社，2013.

从业人员以获得职业资格证书或岗位证书为目的的培训需求不断升温。2012年，参加职业资格证书或岗位证书培训的进修者达175.92万人次。其中，参加资格证书培训达106.30万人次，占60.43%；参加岗位证书培训达69.62万人次，占39.57%。2012年，职业资格证书或岗位证书培训结业共计441.02万人次，比上一年增加了60.77万人次。其中，资格证书培训结业225.06万人次，比上年增长23.36万人次，岗位证书培训结业215.96万人次，比上年增长37.41万人次（见图2-4）。这表明，越来越多的青年人和在职从业人员期望获得职业资格或岗位证书，提升自身在劳动力市场上的竞争力。

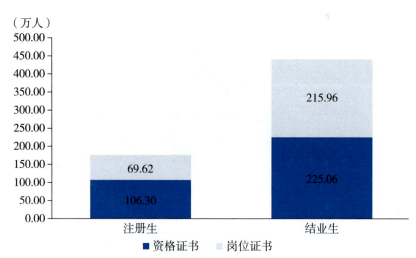

图2-4　**2012年高校非学历继续教育（以获得岗位证书或资格证书为目的）**
　　　　注册生和结业生分类分布

【数据来源】中国教育统计年鉴2012［M］.北京：人民教育出版社，2013.

4. 高层次培训潜力较大

高校加强与行业企业的深度合作，结合行业企业技术创新、转型升级、项目引进及高端技术技能人才培养，主动为行业企业提供教育培训服务。

2012年，全国开展进修及培训注册生规模在3万人次及以上的高校有浙江大学（12.35万人次）、清华大学（8.61万人次）、北京大学（4.99万人次）；与2010年相比，浙江大学增加了6.23万人次，清华大学增加了4.84万人次，北京大学增加了1.32万人次。

对教育部首批50家高校继续教育示范基地有关调查显示："985"高校利用品牌优势，在"面向社会招生""政府事业单位内训""企业内训"等三大领域占据主动，尤以经营管理、党政管理、专业技术为主要内容培训干部和技术骨干，凸显高端市场特色；"211"高校重点挖掘社会公开课需求，主要办班类型为"面向社会招生"，主要培训内容为专业技术与知识普及，将自身品牌与资格认证结合，开展面向社会大众的专业知识和技术培训；高职院校的非学历继续教育将培训与资格水平认证挂钩，根据行业用人标准、岗位标准开展大量职业知识技能培训。以清华大学为例，清华大学非学历继续教育有自己鲜明的特色：一是坚持高端引领，大规模持续开展各级各类干部培训；二是多渠道拓展，为重点领域、行业、企业量身定制培训项目；三是全面、系统服务国防和军队现代化建设；四是面向各类专业技术人员开展技术培训；五是走国际化道路，开展高端国际合作培训；六是面授与远程相结合，实现优质课程广辐射。

（二）中等非学历继续教育喜忧参半

作为非学历继续教育的重要组成部分，为满足已进入劳动力市场的从业人员不断增长的技能培训需求，各类中等职业学校和各种培训机构加大技能人才队伍建设和职业技能培训力度，提供多样化职业技能培训机会，每年全国有数千万人接受中等职业技能培训。但是近年来，中等职业技术学校（培训）机构数量出现萎缩，注册生数量明显减少。

2012 年，全国共有中等职业技术培训学校（机构）12.38 万所，教学点 50.66 万个，与 2011 年比较，中等职业技术培训学校（机构）减少5764 所，教学点减少 4.27 万个。2008—2012 年，中等职业技术培训学校（机构）减少了 3.82 万所，减少了 23.58%，滑坡现象最严重的是农村成人文化技术学校，2012 年比 2008 年减少 3.78 万所，下降了 27.44%，占中等职业技术培训学校（机构）减少总数的 98.95%（见表 2-3）。

表 2-3 **2008—2012 年中等职业技术培训学校（机构）数量变化**

（单位：万所）

	2008 年	2009 年	2010 年	2011 年	2012 年
职工技术培训学校	0.34	0.31	0.25	0.30	0.28
农村成人文化技术学校	13.78	12.94	10.67	10.34	10.00
其他职业技术培训学校（机构）	2.08	2.06	2.02	2.31	2.10
总计	16.20	15.31	12.94	12.95	12.38

【数据来源】中国教育统计年鉴 2008—2012 ［M］. 北京：人民教育出版社，2009—2013.

培训机构数量的减少，带来中等非学历继续教育培训规模的总体下滑。2012 年，中等职业技术培训学校（机构）培训注册生规模为 4567.35

万人次，与 2011 年相比，减少了 453.77 万人次。2008—2012 年中等职业技术培训学校（机构）培训注册生数分别为 5019.54 万人次、5013.03 万人次、4925.01 万人次、5021.12 万人次、4567.35 万人次，2012 年比 2008 年减少 452.19 万人次，减少 9.01%（见图 2-5）。

图 2-5　2008—2012 年中等职业技术培训学校（机构）注册和结业学生数量变化情况

【数据来源】中国教育统计年鉴 2008—2012［M］.北京：人民教育出版社，2009—2013.

2012 年，中等职业技术培训学校（机构）培训结业生数为 4823.36 万人次，比 2011 年减少 323.23 万人次，减少 6.28%。2012 年比 2008 年减少 897.63 万人次，减少 15.69%。2008—2012 年中等职业技术培训学校（机构）培训结业累计 26373.74 万人次，年均培训结业 5274.75 万人次（见图 2-5）。

1. 农村成人学校数量减少

农民技能培训是各类从业人员技能培训的薄弱环节。为加快扭转农村劳动者技能培训滞后的局面，国家实施了"农村劳动力转移培训""农村实用人才培训""新型农民科技培训""以提高职业技能为重点的成人继续教育和再就业培训"等一系列培训工程，以提高农民综合素质和职业技能为重点，广泛开展农民科技、文化以及思想道德等素质教育培训，全面提高农村劳动力实用技术及专业技能，大力加强农村劳动力转移培训和进城务工人员职业技能培训。全国农村普遍建立了农村成人文化技术学校，逐步形成了县（市）、乡（镇）、村三级农村文化技术教育培训网络，广泛开展农民技能培训。2012 年，全国有农村成人文化技术学校 10 万余所，教学点（班）28 万多个。其中，县级学校 2280 所，乡办学校 16443 所，村办学校 78164 所，其他部门及民办校 3122 所。乡、村两级农村成人文化技术学校是农民培训的主要阵地，但存在"空壳"和闲置现象。

2012 年，全国有农村成人文化技术学校 100009 所，与 2008 年相比，减少 6680 所，减少了 6.26%。2008—2012 年，农村成人文化技术学校培训注册生累计 17515.99 万人次，年均超 3500 万人次；培训结业生累计 19659.85 万人次，年均近 4000 万人次（见图 2-6）。

图 2-6　**2008—2012 年农村成人文化技术学校注册生和结业生变化**

【数据来源】中国教育统计年鉴 2008—2012［M］.北京：人民教育出版社，2009—2013.

2012 年，农村成人文化技术学校培训注册生 3176.08 万人次，占中等职业技术培训学校（机构）注册生总数的 69.54%。与 2011 年相比，农村成人文化技术学校培训注册生减少 320.87 万人次，下降了 9.18%。2008—2012 年，农村成人文化技术学校的培训规模整体上呈下降趋势，共减少注册生 518.75 万人次，下降 14.04%（见图 2-6）。

2012 年，农村成人文化技术学校结业生数量为 3563.19 万人次，比 2011 年减少 231.50 万人次，减少了 6.10%。2008—2012 年，农村成人文化技术学校的结业生数整体上呈缓慢下滑趋势，2012 年比 2008 年培训结业生减少了 795.03 万人次，减少了 18.24%（见图 2-6）。

中西部地区，特别是欠发达的农村地区和边远山区农村成人文化技术学校的另一大任务是坚持不懈地开展扫盲教育。2000 年以后，我国扫盲教育进入巩固、提高扫盲成果新阶段，针对扫盲工作的实际，政府将扫盲重点集中于贫困地区、妇女和少数民族群体，增加了扫盲专项资金，重点扶持少数民族、妇女等弱势群体以及中西部地区的扫盲教育，改进扫盲教育的内容和方法，不断创新扫盲机制，提高扫盲质量。据 2010 年第六次全国人口普查显示，2000—2010 年，少数民族人口占比较大的内蒙古、宁夏、甘肃、新疆、贵州、青海、云南、西藏等省或自治区的成人文盲率下降幅度大于全国平均降幅。2010 年，广西、新疆、内蒙古三个少数民族自治区的成人文盲率已低于全国平均水平。

2010 年，全国共扫除文盲 90.26 万人；2011 年，扫除文盲 81.82 万人；2012 年，继续扫除文盲 58.57 万人。3 年间，全国累计扫除文盲 230.65 万人，平均每年扫除文盲人口 76.88 万人（见图 2-7）。2010—2012 年，共有 251.87 万人参加扫盲学习，平均每年有 83.96 万人参加扫盲学习（见图 2-7）。

图 2-7　**2010—2012 年扫除文盲数和参加扫盲学习人口**

【数据来源】中华人民共和国教育部 . 全国教育事业发展统计公报（2010—2012）［R］. 2011—2013.

2. 职工技术培训学校（机构）保持稳定

职工技术培训学校（机构）是行业企业继续教育的主要承担机构，在专业技术人才培养、职工岗位技能培训和素质教育方面发挥着主渠道作用。

2012 年，全国共有职工技术培训学校（机构）2768 所，培训注册生

292.50 万人次，与 2011 年相比，减少了 44.00 万人次，下降了 13.08%。2008—2012 年，前 3 年培训规模平稳增长，2011 年培训规模出现小幅增长高峰，2012 年有所下降（见图 2-8）。5 年间，培训注册生数累计 1500.39 万人次。

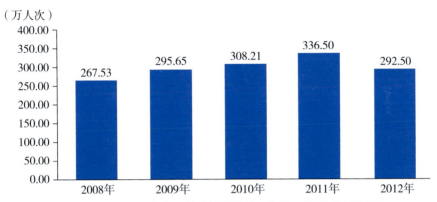

图 2-8 **2008—2012 年职工技术培训学校（机构）注册学生数变化**

【数据来源】中国教育统计年鉴 2008—2012 ［M］. 北京：人民教育出版社，2009—2013.

2012 年，全国职工技术培训学校（机构）培训结业生 294.61 万人次，比 2011 年减少了 35.68 万人次，下降了 10.80%。2008—2012 年，职工技术培训学校（机构）的结业生数于 2011 年达到峰值，2012 年出现滑落（见图2-9）。5 年间，累计培训结业生 1503.70 万人次。

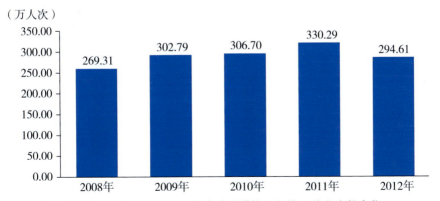

图 2-9 **2008—2012 年职工技术培训学校（机构）结业生数变化**

【数据来源】中国教育统计年鉴 2008—2012 ［M］. 北京：人民教育出版社，2009—2013.

2012 年，全国共有职工技术培训学校 2768 所，校均培训 1057 人，比 2011 年校均培训规模减少 47 人，比 2010 年校均规模减少 155 人（见表 2-4）。

表 2-4　**2008—2012 年职工技术培训机构校均规模比较**

年份	学校数（所）	注册生数（万人）	校均规模（人）
2008	3385	267.53	790
2009	3108	295.65	951
2010	2543	308.21	1212
2011	3049	336.50	1104
2012	2768	292.50	1057

【数据来源】中国教育统计年鉴 2008—2012［M］. 北京：人民教育出版社，2009—2013.

3. 其他职业技术培训学校（机构）注册生稳中有升

2012 年，全国其他职业技术培训学校（机构）总数达 20989 所，培训人次为 1098.77 万人次。2008—2012 年，其他职业技术培训学校（机构）培训的注册生规模稳中有升，2008 年注册生数为 1057.18 万人次，2009 年为 993.47 万人次，2010 年升至 1192.57 万人次，2011 年和 2012 年分别为 1187.66 万人次、1098.77 万人次（见图 2-10）。2012 年与 2008 年相比，注册生增加了 41.59 万人次，增长了 3.93%。

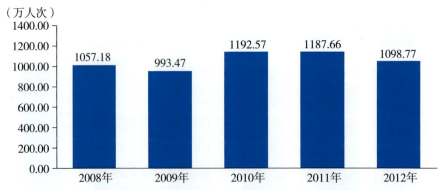

图 2-10　**2008—2012 年其他职业技术培训学校（机构）注册学生数变化**

【数据来源】中国教育统计年鉴 2008—2012［M］. 北京：人民教育出版社，2009—2013.

2012 年，其他职业技术培训学校（机构）结业生规模大幅下滑，总量为 965.56 万人次，比 2011 年减少了 5.49%。2008—2012 年，其他职业技术培训学校（机构）结业生数量波动较大，总体呈下降趋势。2008 年结业生达 1093.46 万人次，2009 年减少至 997.05 万人次，2010 年猛增至 1132.53 万人次，2011 年和 2012 年出现连续下滑，2012 年比 2008 年减少了 127.90 万人次，下降了 11.70%（见图 2-11）。

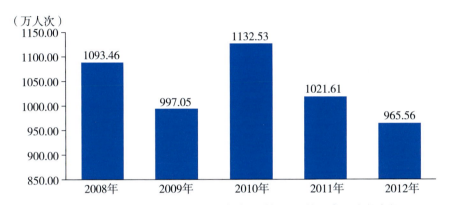

图 2-11　2008—2012 年其他职业技术培训学校（机构）结业生数变化

【数据来源】中国教育统计年鉴 2008—2012 ［M］. 北京：人民教育出版社，2009—2013.

4. 教职工队伍发展不平衡

教职工队伍的建设是保障非学历继续教育可持续发展的关键因素之一。总体看，中等职业技术培训学校（机构）教职工队伍不稳定、专任教师数量不足已成为改革发展的主要瓶颈。

2012 年，全国中等职业技术培训学校（机构）有教职工 50.66 万人，比 2010 年增加了 3.35 万人，其中，专任教师共 28.22 万人，占教职工总数的 55.70%。

2012 年，农村成人文化技术学校教职工 17.03 万人，比 2010 年减少了 1.98 万人，减少了 10.42%；专任教师 8.78 万人，比 2010 年减少 4205 人，降低 4.57%。2012 年，农村成人文化技术学校校均专任教师仅为 0.88 人。

2012 年，职工技术培训学校（机构）有教职工近 6 万人，比 2010 年增加了 1.31 万人，增长 27.81%；有专任教师 4.31 万人，比 2010 年增长了

39.55%。2012 年，职工技术培训学校（机构）校均有专任教师 15.58 人。

其他职业技术培训学校（机构）教职工队伍人数最多，2012 年，有教职工 27.63 万人，比 2010 年增加了 4.03 万人，增长了 17.08%；有专任教师 3.19 万人，比 2010 年增长 26.73%。2012 年，其他职业技术培训学校（机构）校均有专任教师 7.21 人。

二、社区教育多元发展协同推进

社区教育是一种教育与社区生活相结合的教育模式，是在社区进行的旨在提高全体社区成员素质、促进社区发展的教育活动。

2000 年，教育部启动社区教育实验工作，经过 10 多年的实践探索，各地以实验区和示范区为抓手，在管理体制、运行机制、政策保障、教学模式、队伍建设、三级网络构建、课程开发、资源整合、社区教育学习成果认证评价、社区教育信息化应用等诸多方面改革创新，积累了丰富的经验，取得了积极的进展。2010 年，《教育规划纲要》明确提出"广泛开展城乡社区教育，加快各类学习型组织建设，基本形成全民学习、终身学习的学习型社会"的要求，强调发挥社区教育在完善终身教育体系、建设学习型社会中的重要作用。社区教育进入内涵发展和深入推进阶段，逐步向农村社区和中西部地区重点推进和延伸，探索建立城乡社区教育协调发展机制，推动城乡社区教育资源共建共享。

从全国看，社区教育的地位不断得到加强，初步形成了"政府统筹领导、教育部门主管、有关部门配合、社会积极支持、社区自主活动、群众广泛参与"的社区教育管理模式。各地建立和完善了区（县）、街道（乡镇）、居委会（村）三级社区教育网络，面向社区成员广泛开展科技文化、文明生活和休闲文化教育，面向进城务工人员开展职业技能、文明素养和行为习惯的教育培训，面向残障人士等困难群体开展公益性职业教育培训，农村社区重点开展多种形式的文化、科技和扫盲教育。但是，由于地域经济、文化以及各地政府及有关部门对社区教育的认识与重视程度不同，社区教育尚不普及，发展很不平衡，许多地方，特别是西部地区、农村地区社区教育还存在空白点，要加大扶持力度，以城带乡，城乡联动，促进城乡社区教育一体化发展。

（一）社区教育实验区和示范区试点先行

从 2001 年确定 28 个全国社区教育实验区开始，截止到 2012 年底，教育部共批准全国社区教育实验区和社区教育示范区各 68 个，共计 136 个。各地利用现有的教育资源，扩展其功能，建立省级、市级社区教育实验区近 300 个，使之成为推进社区教育的先行骨干力量。

对全国社区教育实验区和示范区进行的社区教育工作调查统计①显示，2012 年，在参与调查统计的 67 个社区教育示范区和 56 个社区教育实验区共计 11668.19 万居民中，67 个社区教育示范区参与调查的居民有 7486.48 万人，56 个社区教育实验区参与调查的居民有 4181.71 万人。参加各类社区教育活动的居民共有 5659.73 万人，社区教育培训率达 48.51%。其中，67 个社区教育示范区社区居民参与教育培训活动 3469.34 万人，培训率达到 46.34%；56 个社区教育实验区参与培训的居民为 2190.39 万人，培训率为 52.38%（见表 2-5）。

表 2-5　2010 年和 2012 年社区教育示范区和实验区培训规模比较

	培训总人数（万人）	示范区培训人数（万人）	实验区培训人数（万人）
2010 年	4704.28	3295.83	1408.45
2012 年	5659.73	3469.34	2190.39

【数据来源】2010 年和 2012 年全国社区教育工作情况调查统计表。

2012 年，参与调查统计的社区教育实验区与示范区基本都建立了服务面广、以区级社区学院（社区教育中心）、街道（乡镇）社区学校、村

---

①　2012 年，教育部职业教育与成人教育司组织对全国社区教育实验区和示范区进行社区教育工作情况调查，本章参考并引用《2012 年全国社区教育工作情况调查统计表》，选用全国 123 个社区，包括 56 个社区教育实验区和 67 个社区教育示范区的调查统计结果进行分析。

（社区）教学点（市民学校、村民学校）为主的三级办学网络，为社区教育的广泛开展提供了基础保障。社区学院（社区教育中心）作为区级的社区教育业务管理和实施机构，在社区教育发展中发挥了重要的作用；而活跃在社区居民身边的"学习圈""学习共同体"日益成为备受青睐的学习组织和学习方式。

据调查统计数据显示，2012 年，123 个社区教育实验区与示范区共有区级社区教育中心 188 个，较好地发挥了统筹、协调、管理等职能；有街道（乡镇）社区学校 1700 个，平均每个区建有 13.82 个社区学校，主要发挥着骨干作用；有村（社区）教学点 20368 个，平均每个区设有 165.59 个教学点，基本实现了三级社区学校的广域覆盖。从整体培训规模比较，123 个社区教育实验区和示范区共有 2.23 万个三级社区教育办学机构，开展班级培训和讲座培训共 6753.22 万人次，校均培训规模约 3000 人次。社区教育示范区有 1.24 万个三级社区教育培训机构，校均培训规模 3273.69 人次；社区教育实验区有 0.99 万个三级社区教育培训机构，校均培训规模 2721.04 人次（见表 2-6）。

表 2-6　2012 年全国社区教育实验区和示范区培训机构及培训规模

		区级社区教育中心	街道（乡镇）社区学校	居委会（村）教学点（学校）	总计
示范区（67 个）	机构数量（个）	87	909	11407	12403
	班级培训（万人次）	782.63	643.09	916.44	2342.16
	讲座培训（万人次）	122.23	471.62	1123.38	1717.23
实验区（56 个）	机构数量（个）	101	791	8961	9853
	班级培训（万人次）	771.83	383.05	548.29	1703.17
	讲座培训（万人次）	120.13	277.59	592.94	990.66
总计（123 个）	机构数量（个）	188	1700	20368	22256
	班级培训（万人次）	1554.46	1026.14	1464.73	4045.33
	讲座培训（万人次）	242.36	749.21	1716.32	2707.89

【数据来源】2012 年全国社区教育工作情况调查统计表。

2012 年，123 个社区教育示范区和实验区在开展社区教育的过程中，着力推进学习型组织创建。创建学习型家庭，以家庭成员终身学习为纽带，以形成家庭学习文化为特征，提高家庭成员素质和生活质量；创建学习型街道、学习型居委会，推进社区终身教育网络建设，培育社区学习团队和社区学习共同体，并通过评选表彰活动，培育学习典型，充分发挥典型的示范作用，以点带面，逐步形成规模，有效激发社区成员参与创建活动的积极性和主动性。

2012 年，参与调查统计的社区教育实验区与示范区共计评选学习型街道 428 个，学习型居委会 2634 个，其他学习型组织 3.08 万个，学习型家庭 35.70 万个（见表 2-7）。

表 2-7 **2012 年 123 个示范区和实验区学习型组织创建情况**

	学习型家庭		学习型街道		学习型居委会		其他学习型组织	
	当年评选数（万个）	历年评选数（万个）	当年评选数（个）	历年评选数（个）	当年评选数（个）	历年评选数（万个）	当年评选数（万个）	历年评选数（万个）
示范区	19.40	213.08	166	722	1601	0.89	1.12	13.49
实验区	16.31	138.77	262	3912	1033	0.52	1.96	14.95
总计	35.70	351.85	428	4634	2634	1.41	3.08	28.44

【数据来源】2012 年全国社区教育工作情况调查统计表。

（二）社区教育参与率有所提高

2012 年，参与调查统计的 123 个社区教育示范区和实验区共有 11668.19 万人，共培训居民 5659.73 万人，培训参与率达 48.51%。其中，67 个社区教育示范区培训居民 3469.34 万人，培训参与率为 46.34%，65 个社区教育实验区培训居民 2190.39 万人，培训参与率为 52.38%。

社区教育涵盖学前教育、青少年教育、成人教育、老年教育等内容，服务的人群分类趋于细化，培训人群数量不断增长，培训内容更加贴近社区居民的生活需求。2012 年，123 个参与调查统计的社区教育示范区和实验区共有 3782.62 万人参加了包括外来务工人员培训、老年教育培训、农民培训、青少年校外素质教育、下岗失业人员培训等五类人员培训，占居民参加培训总数的 66.83%。67 个社区教育示范区参加五类人员培训2243.21 万人，占社区教育示范区居民参加培训总数的 64.66%，56 个社区教育实验区参加五类人员培训 1539.11 万人，占社区教育实验区居民参加培训总数的 70.27%。

2012 年，67 个社区教育示范区外来务工人员培训规模最大，所占比例最高，共计培训 726.45 万人，占五类人员培训总人数的 32.38%，其次是老年教育培训，占 25.84%，青少年校外素质教育，占 22.94%，农民培训，占 14.65%，所占比例最低为下岗失业人员培训，为 4.18%（见图2-12）。可见，社区教育示范区开展外来务工人员培训是培训的重点，培训任务繁重。

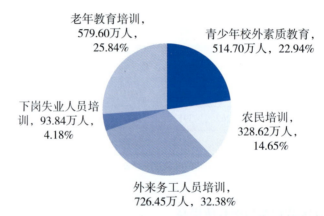

图 2-12 2012 年 67 个社区教育示范区五类培训人员数量及所占比重

【数据来源】2012 年全国社区教育工作情况调查统计表。

2012 年，56 个社区教育实验区有 1539.11 万人参加五类人员培训。其中，外来务工人员培训共 494.02 万人，占五类人员培训总人数的 32.10%；农民培训共 346.01 万人，占 22.48%；青少年校外素质教育 330.99 万人，占 21.51%；老年教育培训占 20.50%；下岗失业人员培训占 3.42%（见图2-13）。

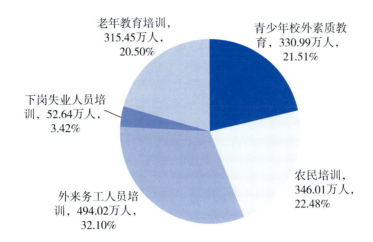

图 2-13　2012 年 56 个社区教育实验区五类培训人员数量及所占比重

【数据来源】2012 年全国社区教育工作情况调查统计表。

　　具体分析，67 个社区教育示范区和 56 个社区教育实验区五类培训的培训率存在着差异，由图 2-14 可以看出，除下岗失业人员培训外，社区教育示范区其他四类人员培训率均高于社区教育实验区。

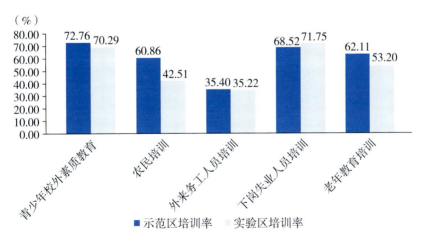

图 2-14　全国社区教育示范区和实验区五类人员培训率比较

【数据来源】2012 年全国社区教育工作情况调查统计表。

　　2012 年，67 个全国社区教育示范区五类人员培训中，全年共培训了

2243.21 万人。其中，青少年校外素质教育 514.70 万人、老年教育培训 579.60 万人、下岗失业人员培训 93.84 万人、农民培训 328.62 万人、外来务工人员培训 726.45 万人。培训率从高到低依次为青少年校外素质教育（72.76%）、下岗失业人员培训（68.52%）、老年教育培训（62.11%）、农民培训（60.86%）和外来务工人员培训（35.40%）（见图 2-14）。

2012 年，56 个实验区的五类人员共培训了 1539.11 万人。培训率从高到低依次为下岗失业人员培训（71.75%）、青少年校外素质教育（70.29%）、老年教育培训（53.20%）、农民培训（42.51%）和外来务工人员培训（35.22%）（见图 2-14）。

（三）数字化社区教育有序推进

近年来，社区教育示范区和实验区积极推进数字化学习社区建设，各地依托广播电视大学系统，发挥信息技术的优势，加强社区数字化学习的支持服务和管理，不断完善社区教育信息化基础设施建设，一方面开展优质数字化学习资源的建设和推广，另一方面不断创新服务模式，拓展学习空间，吸引更多的社区居民参与数字化学习，为社区教育注入新的活力。

2009 年 5 月，教育部委托中国成人教育协会社区教育专业委员会在广泛调查研究的基础上，制定下发了《关于推进全国数字化学习社区建设的意见》和《数字化学习社区（先行区）建设基本标准（试行）》。2011 年 4 月，中国成人教育协会社区教育专业委员会印发了《全国"十二五"推进数字化学习社区建设规划》，提出到"2015 年，全国建设 100 个数字化学习先行区，在大中城市和沿海发达地区，要加快数字化学习社区建设的步伐"。

据历年公布的名单统计，2009—2012 年，分四批共评出"全国数字化学习先行区"52 个，分布在全国 12 个省区市。从分布的集中程度来看，全国数字化先行区在长三角地区比较集中，上海、江苏和浙江三省市先行区数量占全国先行区总数的 59.62%（见表 2-8）。在 52 个社区教育数字化先行区中，全国社区教育示范区和实验区共 46 个，占社区教育数字化先行区总数的 88.46%。其中，示范区 31 个，占 59.62%；实验区 15 个，占 28.85%。

表2-8　全国社区教育数字化学习先行区分布

省份	2009年	2010年	2011年	2012年	总数	占先行区比例
上海	徐汇区、长宁区、杨浦区、嘉定区、静安区	闸北区、普陀区、浦东新区	闵行区	青浦区、黄浦区、宝山区	12个	23.08%
江苏	南京：鼓楼区、建邺区；苏州：沧浪区、金阊区；无锡：崇安区	常州：钟楼区；苏州：昆山市	镇江：润州区；苏州：吴江市、张家港市	镇江：京口区	11个	21.15%
浙江	杭州：上城区	宁波：鄞州区、北仑区	宁波：江东区、江北区、镇海区、慈溪市	杭州：拱墅区	8个	15.39%
天津	河东区、南开区	—	红桥区、河西区、河北区	—	6个	11.54%
辽宁	大港区	大连：甘井子区	—	大连：金州新区；鞍山：铁东区	3个	5.77%
四川	—	—	成都：龙泉驿区、金牛区、成华区、青羊区、锦江区	成都：武侯区	6个	11.54%
重庆	—	—	渝中区	—	1个	1.92%
北京	—	—	—	顺义区	1个	1.92%
湖南	—	—	—	长沙：岳麓区	1个	1.92%
安徽	—	—	—	马鞍山：雨山区	1个	1.92%
山东	—	—	—	潍坊：诸城市	1个	1.92%
河北	—	—	—	唐山：开平区	1个	1.92%
总计	14个	8个	17个	13个	52个	100%

注：黑色字体为示范区，深蓝色字体为实验区，浅蓝色字体为非实验区或示范区。

各地在推进社区教育过程中，通过现代信息技术的应用，建立了面向社区居民的开放的数字化学习支持服务平台，带动全民终身学习活动的开展。比如，城市层面有上海学习网、天津市终身学习公共服务平台、广州终身学习网、长沙终身教育学习网、常州终身教育在线等；社区层面有北京学习型西城网、上海徐汇终身学习网、江苏昆山市民学习在线，成都武侯社区教育网等。创建于 2010 年的享学网是全国社区教育领域中针对性最强、涵盖最丰富、更新最快最频繁的专业网站。享学网充分整合了全国社区教育资源，着力加强全国各地社区的教育交流，促进各地社区教育的均衡发展，努力打造社区教育实践研究、经验推广的综合资源平台和学习中心枢纽。

三、职工培训参与面扩大

当前，我国正处于加快转变经济发展方式、推进经济转型的关键期，提高从业人员的能力素质，要以提高岗位适应能力和创新能力为核心，有计划、分领域、分层次加强党政人员、专业技术人员、企业经营管理人员和社会工作人员的全员培训，这是迫在眉睫的重要任务之一。总体上，职工培训的全员培训参与率稳步上升，各类人员参与面不断扩展，尤以工人培训规模居首，专业技术人员继续教育全员培训参与率最高，管理人员全员培训参与增长最快。

（一）职工培训参与率稳步上升

在教育部职业教育与成人教育司《2012 年度全国职工教育培训统计报告》中，2012 年全国 29 个省区市、新疆生产建设兵团教育行政部门，以及钢铁、机械、煤炭、水利、铁道、有色金属等 6 个试点部门参与统计调查，职工样本为 4634.28 万人。

2012 年，全国有 2675.87 万人参加职工教育和培训，全员培训参与率为 57.74%。其中，有 351.43 万人参加学历继续教育，占参加统计调查职工总数的 7.58%，有 2324.44 万人参加各类职工培训，占参加统计调查职工总数的 50.16%。

2008—2012 年，职工全员培训参与率呈稳步上升趋势，分别为 54.29%、53.46%、54.62%、55.29% 和 57.74%，2012 年比 2008 年增加了 3.45 个百分点（见表 2-9）。

表 2-9　**2008—2012 年全国职工全员培训参与率变化情况**

年份	职工总人数（万人）	学历继续教育在学（在读）人数（万人）	参加培训人数（万人）	学历在学（在读）+培训人数（万人）	全员参与率（%）
2008	3762.79	238.03	1804.63	2042.66	54.29
2009	5112.43	309.01	2423.90	2732.91	53.46
2010	5279.11	337.40	2545.99	2883.39	54.62
2011	4967.43	332.94	2413.74	2746.68	55.29
2012	4634.28	351.43	2324.44	2675.87	57.74

【数据来源】2008—2011 年全国职工教育培训统计（汇总）表及分析报告；2012 年度全国职工教育培训统计报告。

2012 年，女职工参加培训规模保持稳中有进，女职工参加学历继续教育和各类培训人数分别为 137.10 万人和 845.24 万人，共计 982.34 万人。2012 年，女职工全员培训参与率为 53.12%，比 2008 年女职工全员培训参与率 53.62% 略低 0.5 个百分点（见图 2-15）。

图 2-15　**2008—2012 年职工全员培训参与率与女职工全员培训参与率变化**

【数据来源】2008—2011 年全国职工教育培训统计（汇总）表及分析报告；2012 年度全国职工教育培训统计报告。

（二）岗位培训需求量增大

2012 年，职工参加各类培训 4851.40 万人次。其中，岗位培训是重点，参加培训 2924.25 万人次，占各类培训总人次的 60.28%；参加继续教育培训 486.61 万人次，占 10.03%；参加其他培训 1440.54 万人次，占 29.69%。在岗位培训中，适应性培训规模占绝对优势，在 2924.25 万人次参加岗位培训的人员中，参加适应性培训 1544.56 万人次，占参加岗位培训人次的 52.82%，参加资格培训 774.80 万人次，占 26.50%，参加等级技术培训 604.89 万人次，占 20.69%（见表 2-10）。

表 2-10　2012 年全国职工参加各类培训情况

（单位：万人次）

	岗位培训				继续教育	其他培训	总计
	资格培训	适应性培训	等级技术培训	合计			
管理人员	86.32	166.14	48.98	301.44	80.91	248.77	631.12
专业技术人员	155.85	249.90	157.47	563.22	176.45	284.06	1023.73
工人	532.63	1128.52	398.44	2059.59	229.25	907.71	3196.55
合计	774.80	1544.56	604.89	2924.25	486.61	1440.54	4851.40

【数据来源】2012 年度全国职工教育培训统计报告。

（三）工人培训的规模仍居首位

2012 年，全国有 2324.45 万职工参加各类非学历继续教育培训。其中，工人参加培训人数达 1571.84 万人，占参加培训职工的 67.62%；管理人员参加培训人数为 258.79 万人，占 11.13%；专业技术人员参加培训人数为 493.82 万人，占 21.25%。各类非学历继续教育培训累计达 4851.40 万人次，在工人、管理人员和专业技术人员三类人员培训中，工人培训的规模仍占绝对优势。工人培训 3196.55 万人次，占职工培训总人次的

65.89%；专业技术人员培训 1023.73 万人次，占 21.10%；管理人员培训 631.12 万人次，占 13.01%（见图 2-16）。

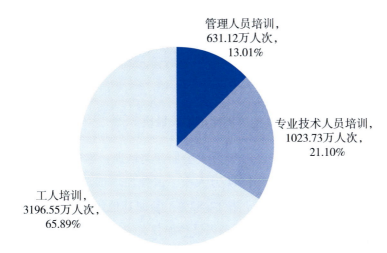

管理人员培训，
631.12万人次，
13.01%

专业技术人员培训，
1023.73万人次，
21.10%

工人培训，
3196.55万人次，
65.89%

图 2-16　**2012 年三类职工接受非学历继续教育的人员结构比**

【数据来源】2012 年度全国职工教育培训统计报告。

在参加岗位培训的 2924.25 万人次中，工人参加岗位培训达 2059.59 万人次，占参加岗位培训人次的 70.43%，专业技术人员参加岗位培训 563.22 万人次，占 19.26%，管理人员参加岗位培训 301.44 万人次，占 10.31%。

工人参加岗位培训以适应性培训为主，工人参加适应性培训 1128.52 万人次，占工人参加岗位培训总人次的 54.79%；工人参加资格培训 532.63 万人次，占 25.86%，工人参加等级技术培训 398.44 万人次，占 19.35%。

（四）专业技术人员参加继续教育比例最高

2012 年，专业技术人员有 493.82 万人参加各类培训，累计达 1023.73 万人次，主要以岗位培训为主，占参加培训总人次的 55.02%。其中，参加适应性培训 249.90 万人次，占专业技术人员参加培训总人次的 24.41%；参加资格培训 155.85 万人次，占 15.22%；参加等级技术培训 157.47 万人次，占 15.38%。参加其他培训 284.06 万人次，占 27.75%，参加继续教育 176.45 万人次，占 17.24%。

2012 年，专业技术人员参加继续教育比例最高，专业技术人员参加继续教育 176.45 万人次，占专业技术人员参加各类培训总人次的 17.24%，管理人员参加继续教育的相应比例为 12.82%，工人参加继续教育的相应比例为 7.17%。

（五）管理人员参加其他培训比重增长最快

2012 年，管理人员有 258.79 万人参加各类培训，累计达 631.12 万人次。其中，参加岗位培训 301.44 万人次，占参加培训总人次的 47.76%；参加继续教育 80.91 万人次，占 12.82%；参加其他培训 248.77 万人次，占 39.42%。与 2010 年相比，管理人员参加各类培训从 557.84 万人次增至 631.12 万人次，增加 73.28 万人次，增长了 13.14%。管理人员参加其他培训比重增长最快，2010 年，管理人员参加其他培训比重占 32.56%，2012 年所占比重增至 39.42%，增加了 6.86 个百分点。管理人员参加岗位培训比重从 53.01% 减至 47.76%，下降了 5.25 个百分点，参加继续教育比重下降 1.61 个百分点。

第三章

继续教育保障条件

继续教育的发展必须建立在有力保障的基础之上。必要的经费投入、优化的教师结构、完善的办学条件和丰富的社会文化资源是继续教育发展的重要基础和支撑。2010—2012 年，我国继续教育各项基本保障条件总体保持了稳定的发展态势，国家财政性教育经费有力地保证了继续教育的可持续发展。继续教育的教师队伍进一步优化，继续教育专任教师队伍趋于稳定，学历结构、职称结构、双师型教师的比例持续改善，但兼职教师队伍规模出现了波动。此外，尽管成人高校和成人中专的学校数量持续减少，但其教育资源的供给能力仍然得到了有效保障。

2012 年，我国继续教育保障条件呈现出新的特点：一是，传统学校继续教育机构的"悄然转型"与非学校教育机构的"借势突围"并存，实践探索中的"波折徘徊"与"提速发展"构成鲜明的反差；二是，职业技术培训学校（机构）在继续教育中所占比例持续扩大，专任教师队伍的规模、增长速度以及办学条件改善的成效逐步凸显。

一、继续教育的经费投入与支出

教育投入是支撑国家长远发展的基础性、战略性投资，也是继续教育事业的物质基础。自 2010 年贯彻实施《教育规划纲要》以来，我国各级政府采取多种举措，推动建立健全政府、用人单位、学习者和社会共同分担成本、多渠道筹措经费的继续教育投入机制，加大对公益性和普惠性继续教育项目的经费支持，确保各级各类继续教育持续健康发展。2011 年，我国继续教育经费总收入为 230.38 亿元，继续教育国家财政性教育经费为 144.23 亿元，继续教育财政性教育经费已经成为继续教育的主要支持力量，占继续教育经费总收入的 62.61%。但是，由于相关政策和制度的缺失，以及社会对继续教育重要性认识的缺位，继续教育的经费投入尚未实现多元化，继续教育经费不足仍然是制约继续教育发展的突出因素之一。

从继续教育经费收入来源的变化情况看，2010—2011 年，除财政性教育经费增长了 10.74% 外，社会捐赠经费、事业收入和其他收入等多个渠道的收入均出现不同程度的下滑，其中，社会捐赠经费下滑了 35.23%。这一方面说明我国继续教育经费投入中财政性教育经费发挥了主渠道作用，另一方面也说明继续教育社会资金投入水平偏低，继续教育的自我造血功能亟待加强。继续教育必须加强质量意识，贴近市场需求，获得更多的认可，以争取来自社会的捐赠和事业上的收入。

从各级继续教育经费的增长情况看，2010—2011 年，成人高校的经费增长了 9.43 亿元，显著高于其他各类继续教育。经费增幅比例最高的是成人中专，增长 10.30%。

（一）继续教育经费投入整体增长

1997 年，第五届国际成人教育大会曾经发出倡议，希望各成员国对教育的经费投入至少占到各国国民生产总值（GNP）的 6%，并将教育总预算的 3% 合理地分配给成人教育。

2011 年 12 月 24 日，在北京召开的全国继续教育工作会议明确提出，要建立健全继续教育经费投入保障制度与机制。但从实际情况来看，继续教育经费的增长幅度远远低于教育经费的平均增长幅度。

2011 年，全国教育经费总收入为 23869.29 亿元，比 2010 年的 19561.85 亿元增长 22.02%。其中，国家财政性教育经费（主要包括公共财政性预算教育经费、各级政府征收用于教育的税费、企业办学中的企业拨款、校办产业和社会服务收入用于教育的经费等）18586.70 亿元，比

2010 年的 14670. 07 亿元增长了 26. 70%。

2011 年，我国各级继续教育机构教育经费总收入为 230. 38 亿元，比 2010 年的 208. 03 亿元增加 22. 35 亿元，增长了 10. 74%。其中，继续教育国家财政性教育经费 144. 23 亿元，比 2010 年的 120. 45 亿元增长了 19. 74%。

2011 年，我国各级继续教育机构教育经费总收入占当年教育经费总投入的比例为 0. 96%，比 2010 年的 1. 06%减少了 0. 10 个百分点；各级继续教育国家财政性教育经费占当年国家财政性教育经费的比例为 0. 78%，比 2010 年的 0. 82%减少了 0. 04 个百分点。

（二）财政性教育经费是继续教育经费增长的主要来源

我国继续教育经费的来源渠道及其构成中，国家财政性教育经费占继续教育经费总投入的比例最大。2011 年，继续教育国家财政性教育经费为 144. 23 亿元，占继续教育经费总收入的 62. 61%，比 2010 年增加了 4. 71 个百分点。在国家财政性教育经费中，各级继续教育机构公共财政性预算教育经费为 130. 57 亿元，比 2010 年增加了 19. 80 亿元，增长了 17. 87%；继续教育公共财政性预算教育经费约占当年继续教育国家财政性教育经费的 90. 53%。各级政府征收用于继续教育的税费为 10. 83 亿元，比 2010 年的 6. 82 亿元增加了 4. 01 亿元，增长了 58. 80%；各级政府征收用于继续教育的税费约占当年继续教育国家财政性教育经费的 7. 51%。企业办学中的企业拨款为 1. 83 亿元，比 2010 年的 1. 77 亿元，增加了 0. 06 亿元，增长了 3. 39%；企业办学中的企业拨款占当年继续教育国家财政性教育经费的 1. 27%。校办产业和社会服务收入用于继续教育的经费略有下降，从 2010 年的 0. 74 亿元降为 0. 65 亿元，下降了 12. 16%。2011 年其他属于国家财政性教育经费的收入与上一年基本持平；两项经费相加约占当年继续教育国家财政性教育经费的 0. 70%。

在继续教育非财政性教育经费中事业收入占较大比重。2011 年，除国家财政性教育经费外，我国各级继续教育机构经费总收入中事业收入经费为第二大部分，达到 76. 29 亿元，占继续教育总收入的 33. 11%。其他收入为 8.74 亿元，占继续教育总收入的 3.79%。民办学校中举办者投入和社会捐赠经费所占比例仍然较小，分别为 0.79 亿元和 0.33 亿元，分别占继续教育总收入的 0.34% 和 0.14%（见图 3-1）。

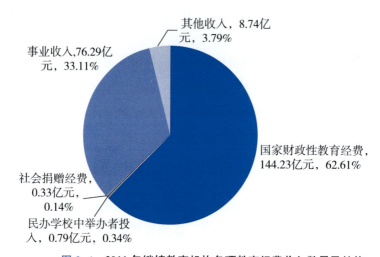

图 3-1 **2011 年继续教育机构各项教育经费收入数量及结构**

【数据来源】中国教育经费统计年鉴 2011 ［M］. 北京：中国统计出版社，2012.

1. 各级继续教育经费收入总量比上年整体增加

2011 年，成人高校教育经费收入 140.64 亿元，约占继续教育经费收入总量的 61.05%，成人中专教育经费收入 79.21 亿元，约占继续教育经费收入总量的 34.38%；成人中学教育经费收入 10.19 亿元，约占继续教育经费收入总量的 4.42%；成人小学教育经费 0.33 亿元，约占继续教育经费总量的 0.14%。

与 2010 年比较，2011 年各级继续教育的经费收入基本保持平稳增长。成人高校教育经费收入增加 9.43 亿元，增幅为 7.19%；成人中专教育经费收入增加 7.39 亿元，增幅为 10.29%；成人中学教育经费收入增加 5.60 亿元，增幅为 122.00%；同时，成人小学教育经费收入减少了 0.07 亿元，降幅为 17.50%（见图 3-2）。从增量上比较，除成人小学外，其他各级继续教育机构教育经费收入增量与规模具有相关性；从增幅上看，成人中学教育经费收入的增幅最高。

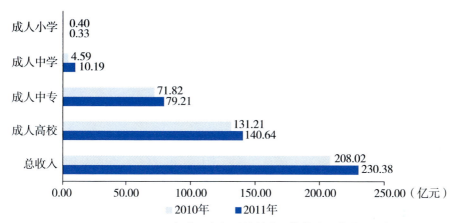

图 3-2　2010—2011 年全国各级继续教育机构教育经费收入比较

【数据来源】中国教育经费统计年鉴 2010—2011［M］. 北京：中国统计出版社，2011—2012.

2. 社会资金投入水平偏低

2011 年，继续教育经费总收入稳步增长，但各项教育经费收入相较于 2010 年呈增减不一的趋势。各级继续教育国家财政性教育经费从 120.45 亿元增加到 144.23 亿元，增加了 23.78 亿元，增长了 19.74%；民办学校中举办者投入也略有增加，从 0.64 亿元增加到 0.79 亿元，增长了 23.44%（见图 3-3）。而各级继续教育机构社会捐赠经费、事业收入和其他收入均

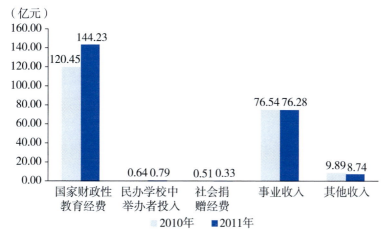

图 3-3　2010—2011 年全国各级继续教育机构各项教育经费收入比较

【数据来源】中国教育经费统计年鉴 2010—2011［M］. 北京：中国统计出版社，2011—2012.

有所下滑。2011 年，社会捐赠经费 0.33 亿元，比 2010 年减少 35.29%；事业收入 76.28 亿元，比 2010 年减少 0.34%；其他收入 8.74 亿元，比 2010 年减少 11.63%（见图 3-3）。

3. 各地区继续教育经费收入变化差异明显

2011 年，各地各级继续教育机构教育经费收入变化总体以增加为主。全国 31 个省区市中，有 25 个省区市的继续教育经费收入与 2010 年相比实现了增长。其中，增量最大的是江苏，增加 6.05 亿元，其次分别是：浙江（2.07 亿元）、江西（1.97 亿元）、河北（1.55 亿元），增量过亿元的省区市还有山西、山东、吉林、新疆、云南、四川和河南，共计 11 个省区市。从增幅来看，江苏以 4.96% 的增幅排名第一，其次为江西（4.32%），青海、海南、山西和云南的增幅也都超过 3%。

同时，2011 年有 6 个省区市的继续教育经费收入出现下降，分别为广东、上海、黑龙江、安徽、西藏和宁夏。广东减少 0.48 亿元，上海减少 0.23 亿元，降幅分别为 0.36% 和 0.13%。

（三）继续教育经费支出增幅与收入增幅大体相当

2011 年，各级继续教育机构教育经费支出总量为 223.73 亿元，比 2010 年增加 21.24 亿元，增加了 10.49%，与继续教育经费收入增幅基本持平。

从各级继续教育经费支出的变化情况看，我国继续教育的发展重心上移，成人高校的经费支出占继续教育经费支出的比例继续扩大，成人小学的经费支出规模逐步缩小。

从成人高校和成人中专经费支出结构看，基础建设经费进一步减少，事业经费所占比例持续提高，反映出继续教育正在从规模扩张向内涵发展转变。

从各级继续教育经费的支出规模看，东部地区省份的规模普遍高于中西部地区，特别是西部地区。东部地区如江苏、北京、浙江、广东等地继续教育经费的支出规模变化最大。

1. 继续教育经费支出重心向高等教育转移

2011 年，各级继续教育机构教育经费支出总量为 223.73 亿元，比 2010 年增加 21.24 亿元，增长了 10.49%。其中，成人高校教育经费支出 133.79 亿元，约占经费支出总量的 59.80%；成人中专教育经费支出 79.37 亿元，约占经费支出总量的 35.48%；成人中学教育经费支出 10.23 亿元，约占经费支出总量的 4.57%；成人小学教育经费支出 0.34 亿元，约占经费支出总量的 0.15%（见图 3-4）。

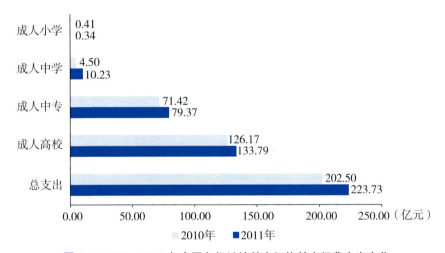

图 3-4 2010—2011 年全国各级继续教育机构教育经费支出变化

【数据来源】中国教育经费统计年鉴 2010—2011 ［M］. 北京：中国统计出版社，2011—2012.

相较于 2010 年，2011 年各级继续教育的经费支出均有明显增加。成人高校教育经费支出增加 7.62 亿元，增幅为 6.04%；成人中专教育经费支出增加 7.95 亿元，增幅为 11.13%；成人中学教育经费支出增加 5.73 亿元，增幅为 127.33%；只有成人小学教育经费支出减少了 0.07 亿元，降幅为 17.07%（见图 3-4）。从增量上比较，除成人小学外，其他各级继续教育机构教育经费支出增量与规模具有相关性；从增幅上看，成人中学教育经费支出的增幅最高。

2. 事业性经费支出增长同时基础建设经费支出下滑

2011 年，继续教育机构事业性经费支出为 220.77 亿元，比 2010 年增加21.87亿元，增幅为11.00%，约占当年继续教育经费总支出的98.68%。其中，个人部分经费支出为116.21亿元，公用部分经费支出为104.56亿元，分别比2010年增加了10.49亿元和11.38亿元，分别上升了9.92%和12.21%（见图3-5）。2011年，继续教育机构基本建设支出为2.96亿元，约占当年继续教育经费总支出的1.32%，比2010年减少了0.63亿元，下降了17.55%。

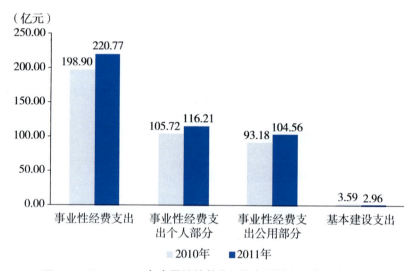

图3-5 **2010—2011年全国继续教育机构各项教育经费支出变化**

【数据来源】中国教育经费统计年鉴 2010—2011［M］. 北京：中国统计出版社，2011—2012.

2011年，成人高校教育经费支出总额为133.79亿元，比2010年增加7.62亿元，增长了6.04%。其中，事业性经费支出131.43亿元，比2010年增加8.13亿元，增长了6.60%。在事业性经费支出中，2011年个人部分经费支出65.31亿元，公用部分经费支出66.12亿元，分别比2010年增加了5.17亿元和2.96亿元，增幅分别为8.60%和4.69%（见图3-6）。基本建设支出2.35亿元，比2010年减少0.52亿元，降幅为18.12%。

图 3-6　**2010—2011 年成人高校各项教育经费支出变化**

【数据来源】中国教育经费统计年鉴 2010—2011 [M]. 北京：中国统计出版社，2011—2012.

2011 年，成人中专教育经费支出总额为 79.37 亿元，比 2010 年增加 7.95 亿元，增长了 11.13%。其中，事业性经费支出 78.77 亿元，比 2010 年增加 8.06 亿元，增长了 11.40%。在事业性经费支出中，2011 年个人部分经费支出 48.13 亿元，公用部分经费支出 30.64 亿元，分别比 2010 年增加了 5.29 亿元和 2.77 亿元，增幅分别为 12.35% 和 9.94%（见图 3-7）。基本建设支出 0.60 亿元，比 2010 年减少 0.11 亿元，降幅为 15.49%。

图 3-7　**2010—2011 年成人中专各项教育经费支出变化**

【数据来源】中国教育经费统计年鉴 2010—2011 [M]. 北京：中国统计出版社，2011—2012.

3. 25 个省区市继续教育经费支出实现增长

2011 年，各地继续教育经费支出总体以增加为主。在 31 个省区市中，有 25 个省区市继续教育经费支出与 2010 年相比实现了增长。其中，增长最快的是江苏，增加 5.96 亿元，其次是浙江增加 2.79 亿元，第三位是河北增加 2.14 亿元，其他增量过亿元的省份还有新疆、山东、四川和陕西 4 省区（见图 3-8）。从增幅来看，宁夏以 74.94%的增幅排名第一，其次为贵州（56.33%）和江苏（48.83%）。其他增幅超过 10%的省份有海南、新疆、河北、浙江、陕西、内蒙古、云南、山东和吉林等 9 省区。2011 年，西藏、黑龙江、广东、北京 4 个省区市各级各类继续教育经费支出下降，

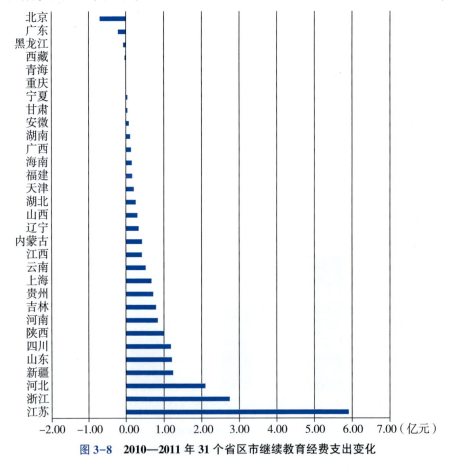

图 3-8 **2010—2011 年 31 个省区市继续教育经费支出变化**

【数据来源】中国教育经费统计年鉴 2010—2011 [M]. 北京：中国统计出版社，2011—2012.

　　减少最多的为北京，减少了0.70亿元，下降幅度为6.00%，其次为广东，减少0.21亿元，降幅为1.63%。

　　2011年，各地成人高校教育经费支出的变化差异较大。全国29个省区市（西藏、宁夏无数据）中，有16个省区市成人高校教育经费支出与2010年相比实现了增长。其中，增长最快的是浙江，增加1.81亿元，其次是新疆（1.44亿元）和四川（1.10亿元），河北、天津的成人高校经费支出增量也超过1亿元（见图3-9）。从增幅来看，海南以107.45%的增幅排名第一，其次为新疆（38.94%）和天津（37.87%）。其他增幅超过10%的

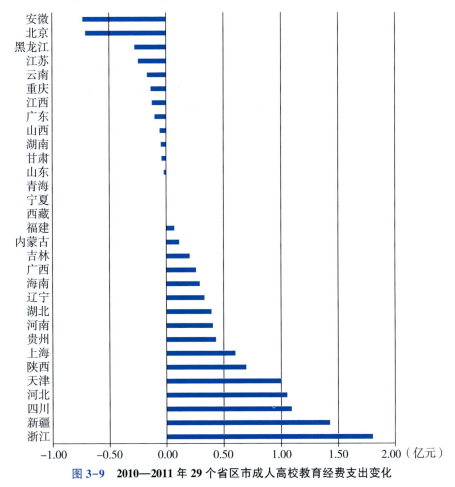

图3-9　**2010—2011年29个省区市成人高校教育经费支出变化**

【数据来源】中国教育经费统计年鉴2010—2011［M］. 北京：中国统计出版社，2011—2012.

有贵州、湖北、浙江、河北、山西、四川和内蒙古等7个省区。2011年，在成人高校教育经费支出下降的13个省区市中，安徽下降幅度最大，减少了0.73亿元，降幅为19.35%；其次为北京，减少了0.71亿元，降幅为6.40%。

2011年，全国大部分省区市成人中专教育经费支出保持增长。全国31个省区市中，有24个省区市的成人中专教育经费支出与2010年相比实现了增长。其中，增量最大的是山东，增加了1.27亿元；其次是河北，增加了1.09亿元；第三位是河南，增加了0.90亿元（见图3-10）。从增幅来

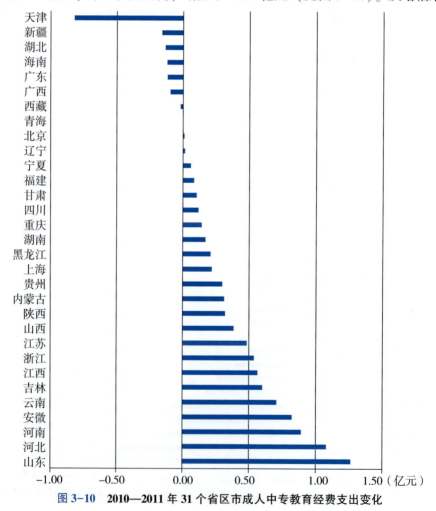

图3-10　2010—2011年31个省区市成人中专教育经费支出变化

【数据来源】中国教育经费统计年鉴2010—2011［M］. 北京：中国统计出版社，2011—2012.

看，贵州以 273.88% 的增幅排名第一，其次为宁夏（74.96%）和云南（42.75%）。其他增幅超过 10% 的有江西、安徽、河北、山东、陕西、山西、河南、甘肃、青海、吉林、内蒙古、江苏和浙江等 13 个省区。2011年，在成人中专教育经费支出下降的 7 个省区市中，天津经费支出减少的数量和幅度都排第一位，分别为 0.83 亿元和 58.53%，经费支出数量减少较多的是新疆（0.17 亿元），降幅较大的是海南（34.47%）。

二、继续教育教师队伍建设

加强继续教育教师队伍建设是推动继续教育发展的重要基础工作。2012年，继续教育教师队伍的发展稳中有升，规模适度扩大，学历层次、专业技术职称和年龄结构进一步优化。但同时也反映出三方面的问题。第一，继续教育教师队伍稳定性偏弱。总体来看，职业技术培训学校（机构）的教师在教师队伍中的比重有所提高，成人高校和成人中专教师队伍波动较大，专任教师队伍规模出现萎缩。第二，在增强专任教师队伍稳定性的同时，亟须优化专任教师队伍结构，持续改善成人高校和成人中专专任教师的学历、职称和年龄结构，提高双师型教师所占比例。第三，兼职教师队伍相对于专任教师队伍规模出现大幅下降。2012 年底，教育部、财政部、人力资源和社会保障部、国务院国有资产监督管理委员会印发《职业学校兼职教师管理办法》，对职业学校聘请兼职教师的比例、年龄范围、职称、专业等做出了明确规定。该规定主要涉及成人中专，但对各级各类继续教育学校具有指导作用，对兼职教师的规模发展产生了一定程度的影响。

（一）教职工队伍总体保持稳中有升

2012 年，各级各类继续教育机构教职工总量为 72.38 万人，比 2010年增加了 1.05 万人，增幅为 1.47%。2010—2012 年，各级继续教育教职工总量先增后减。2011 年教职工总数比 2010 年增加 4.05 万人，增幅为 5.65%；但 2012 年教职工总数又比 2011 年减少了 2.99 万人，降幅为

3.97%（见图 3-11）。这种变化从某种程度上表示继续教育教职工队伍的稳定性值得关注。

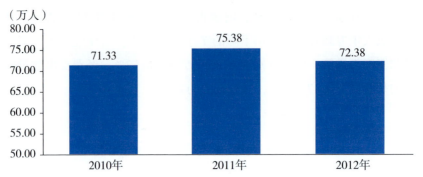

（万人）

图 3-11　**2010—2012 年继续教育机构教职工规模变化**

【数据来源】中国教育统计年鉴 2010—2012［M］. 北京：人民教育出版社，2011—2013.

1. 职业技术培训学校（机构）教职工队伍渐成中坚力量

2012 年，成人高校有教职工 6.56 万人，占继续教育教职工总数的 9.06%；成人中专有教职工 7.75 万人，占继续教育教职工总数的 10.71%；成人高中教职工 0.73 万人，占继续教育教职工总数的 1.01%；成人初中教职工 0.95 万人，占继续教育教职工总数的 1.31%；成人小学教职工 5.73 万人，占继续教育教职工总数的 7.92%；各类职业技术培训学校（机构）教职工 50.66 万人，占继续教育教职工总数的 69.99 %（见图 3-12）。

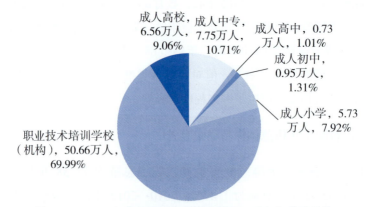

图 3-12　**2012 年各级继续教育机构教职工队伍规模及结构**

【数据来源】中国教育统计年鉴 2012［M］. 北京：人民教育出版社，2013.

与 2010 年相比，2012 年成人高校、成人中专和成人小学的教职工数量分别减少了 1.15 万人、0.78 万人和 0.85 万人，降幅分别为 14.92%、9.14% 和 12.92%；成人高中教职工数量增速最快，增加了 0.26 万人，增长了 55.32%；成人初中增加 0.22 万人，增长了 30.14%；职业技术培训学校（机构）教职工数量增加最多，共增加 3.35 万人，增长了 7.08%（见图 3-13 和图 3-14）。

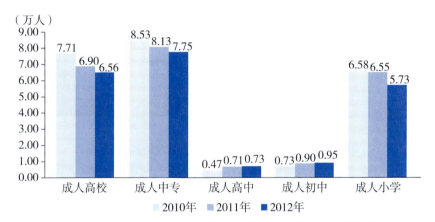

图 3-13　2010—2012 年各级学历继续教育机构教职工数量变化

【数据来源】中国教育统计年鉴 2010—2012 ［M］. 北京：人民教育出版社，2011—2013.

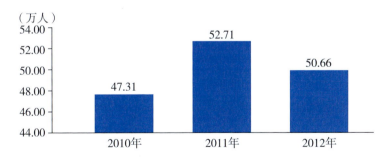

图 3-14　2010—2012 年职业技术培训学校（机构）教职工数量变化

【数据来源】中国教育统计年鉴 2010—2012 ［M］. 北京：人民教育出版社，2011—2013.

2. 成人高校和成人中专专任教师队伍波动明显

2012 年，各级继续教育机构共有专任教师 41.95 万人，比 2010 年增加 3.77 万人，增长了 9.87%。2010—2012 年，各级继续教育机构专任教师的数量也是先增后减，2010 年各级继续教育机构有专任教师 38.18 万人，2011 年比 2010 年增加了 5.91 万人，增长 15.48%；而 2012 年各级继续教育机构专任教师总数减少了 2.14 万人，降幅为 4.85%（见图 3-15）。

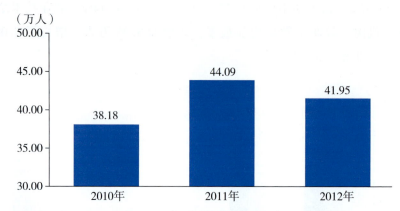

（万人）

图 3-15　**2010—2012 年继续教育机构专任教师数量变化**

【数据来源】中国教育统计年鉴 2010—2012［M］．北京：人民教育出版社，2011—2013.

继续教育机构专任教师占继续教育教职工总数的比例进一步提高。2010 年各级继续教育专任教师占继续教育教职工总数的 53.53%，2011 年所占比例提高到 58.50%，2012 年所占比例略有回落，为 57.96%。

2012 年，成人高校有专任教师 3.94 万人，占专任教师总量的 9.39%；成人中专有专任教师 5.42 万人，占专任教师总量的 12.92%；成人高中有专任教师 0.58 万人，占专任教师总量的 1.38%；成人初中有专任教师 0.76 万人，占专任教师总量的 1.81%；成人小学有专任教师 3.03 万人，占专任教师总量的 7.22%；各类职业技术培训学校（机构）有专任教师 28.22 万人，占专任教师总量的 67.27%（见图 3-16）。

2012 年与 2010 年相比，各级各类学历继续教育机构中，成人高校和成人中专专任教师数量分别减少了 0.65 万人和 0.28 万人，降幅分别为 14.16% 和 4.91%；成人高中、成人初中、成人小学分别增加 0.23 万人、0.32 万人、0.16 万人，增幅分别为 65.71%、72.73%、5.57%，职业技术培训学校（机构）专任教师数量增加最多，增加了 3.99 万人，增长 16.48%（见表 3-1）。

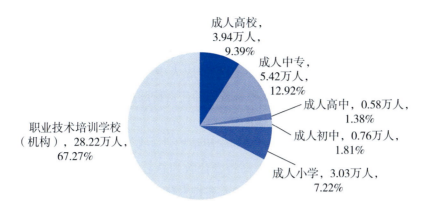

图 3-16 **2012 年各级继续教育机构专任教师规模及结构**

【数据来源】中国教育统计年鉴 2012 ［M］. 北京：人民教育出版社，2013.

表 3-1 **2010—2012 年各级继续教育机构专任教师数量变化**

（单位：万人）

继续教育机构	2010 年	2011 年	2012 年
成人高校	4.59	4.09	3.94
成人中专	5.70	5.52	5.42
成人高中	0.35	0.58	0.58
成人初中	0.44	0.70	0.76
成人小学	2.87	3.40	3.03
职业技术培训学校（机构）	24.23	29.83	28.22

【数据来源】中国教育统计年鉴 2010—2012 ［M］. 北京：人民教育出版社，2011—2013.

2012 年，全国共有 348 所成人高校，有专任教师 3.94 万人，平均每校专任教师规模为 113.22 人；全国有 1564 所成人中专，有专任教师 5.42 万人，平均每校专任教师规模为 34.65 人。这两类学校专任教师数量规模相对较少。

（二）学校教育机构中专任教师队伍结构持续优化

成人高校和成人中专教师队伍中，专任教师队伍的结构进一步调整优化，表现在以下两个方面：一是专任教师中拥有研究生以上学历的教师比例持续提高，专科以下学历的教师比例逐步减少；二是专任教师中拥有高级职称的教师比例提高，初级职称和无职称的教师比例减少。从年龄结构来看，成人高校教师队伍趋向年轻化，成人中专教师队伍以中青年为主力。专任教师中专业教师和双师型教师的比例持续提升。

1. 专任教师学历结构逐步改善

2012 年，成人高校专任教师的学历结构进一步优化，拥有研究生学位的专任教师共 9093 人，占成人高校专任教师总数的 23.08%。其中，拥有博士学位的专任教师 862 人，占成人高校专任教师总数的 2.19%；拥有硕士学位的专任教师 8231 人，占成人高校专任教师总数的 20.89%。本科学历专任教师所占比例最高，有 28257 人，占 71.73%；专科及以下学历专任教师有 2043 人，所占比例为 5.19%。2010—2012 年，博士学位专任教师增加 92 人，硕士学位专任教师减少 93 人，拥有研究生学位的专任教师所占比例从 2010 年的 19.82%，提高到 2012 年的 23.08%；本科学历专任教师数量有所减少，所占比例从 74.46% 下降到 71.73%，下降了 2.73 个百分点（见图 3-17）。

图 3-17　2010—2012 年成人高校专任教师学历结构变化

【数据来源】中国教育统计年鉴 2010—2012 [M]. 北京：人民教育出版社，2011—2013.

2012 年，成人中专拥有博士学位的专任教师有 38 人，占成人中专专任教师总数的 0.07%，拥有硕士学位的专任教师有 1541 人，占成人中专专任教师总数的 2.84%，合计 1579 人，占 2.91%。专任教师以本科学历者居多，共有 41241 人，占成人中专专任教师总数的 76.08%；专科及以下学历专任教师有 11387 人，所占比例为 21.01%。2010—2012 年，博士学位和硕士学位专任教师数量分别增加 9 人和 188 人，拥有研究生学历的专任教师所占比例从 2010 年的 2.43% 提高到 2.91%；本科学历专任教师有所减少，但所占比例提高了 3.28 个百分点；专科及以下学历专任教师减少了 2728 人，所占比例也减少了 3.77 个百分点（见图 3-18）。

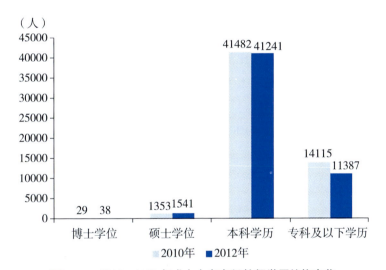

图 3-18　2010—2012 年成人中专专任教师学历结构变化

【数据来源】中国教育统计年鉴 2010—2012［M］. 北京：人民教育出版社，2011—2013.

总体分析，成人中专专任教师学历水平低于中等职业学校专任教师的平均水平。2012 年，中等职业学校专任教师中博士学位、硕士学位、本科学历和专科及以下学历的比例分别为 0.12%、5.03%、81.80% 和 13.05%。相较于中等职业学校平均水平，成人中专博士学位、硕士学位和本科学历专任教师所占比例分别低了 0.05%、2.19% 和 5.72%；专科以下学历专任教师所占比例高了 7.96%。

2. 专任教师职称结构进一步提升

2012 年，成人高校专任教师职称结构继续优化，高级职称专任教师比例增加。拥有高级职称的专任教师共 13505 人，占专任教师总数的 34.28%。其中，拥有正高级职称的专任教师 1789 人，占专任教师总数的 4.54%；拥有副高级职称的专任教师 11716 人，占专任教师总数的 29.74%。有中级职称的专任教师人数最多，为 16536 人，占专任教师总数的 41.98%。拥有初级职称和无职称的教师所占的比例分别为 19.83% 和 3.91%。2010—2012 年，成人高校专任教师中除拥有正高级职称的专任教师数量有所增加外，拥有其他各类职称的专任教师数量均在减少，其中，拥有中级职称的专任教师减少 2517 人，拥有初级职称的专任教师减少 2107 人（见图 3-19）。从各级职称教师所占比例的变化情况来看，拥有正高级职称的专任教师所占的比例提高了 0.76 个百分点，拥有副高级职称的专任教师所占的比例提高了 1.16 个百分点，拥有中级职称的专任教师所占的比例提高了 0.46 个百分点；拥有初级职称和无职称的专任教师所占的比例分别减少了 1.79% 和 0.59%。

图 3-19　2010—2012 年成人高校专任教师职称结构变化

【数据来源】中国教育统计年鉴 2010—2012 [M]. 北京：人民教育出版社，2011—2013.

2012 年，成人中专专任教师中，拥有高级职称的教师共 15300 人，占专任教师总数的 28.23%。其中，拥有正高级职称的专任教师有 393 人，占专任教师总数的 0.72%；拥有副高级职称的专任教师有 14907 人，占专任教师总数的 27.50%；拥有中级职称的专任教师居多，有 24419 人，占 45.05%；拥有初级职称和无职称的教师所占的比例分别占 22.47% 和 4.26%。2010—2012 年，成人中专专任教师中除拥有副高级职称的专任教师数量有所增加外，拥有其他各类职称的专任教师数量均在减少，其中，拥有中级职称的专任教师减少 2388 人，拥有初级职称的专任教师减少 837 人（见图 3-20）。从拥有各级职称的教师所占比例的变化情况来看，拥有副高级职称的专任教师所占的比例增加了 2.51%，拥有中级职称的专任教师所占的比例减少了 2.00%，拥有初级职称和无职称的专任教师所占的比例分别减少了 0.37% 和 0.14%，拥有高级职称的专任教师所占的比例变化不大。

图 3-20　2010—2012 年成人中专专任教师职称结构变化

【数据来源】中国教育统计年鉴 2010—2012 [M]. 北京：人民教育出版社，2011—2013.

3. 专任教师年龄结构趋向年轻化

2012 年，成人高校专任教师队伍年龄结构偏向年轻化。从总体来看，40 岁及以下的专任教师所占比例为 57.35%，41—55 岁的专任教师所占比例为 38.60%，55 岁以上的专任教师所占比例为 4.05%。从各年龄阶段的分布来看，30 岁及以下的专任教师所占比例最高，为 20.75%，其次是

31—35 岁的专任教师，所占比例为 19.68%，以下依次为 36—40 岁的专任教师（16.92%）和 41—45 岁的专任教师（15.77%）。2010—2012 年，成人高校专任教师数量减少了 14.15%，数量减少最多的是 30 岁以下专任教师，减少了 2420 人，其次为 36—40 岁专任教师，减少了 1425 人；从各年龄组教师所占比例的变化来看，46—50 岁的专任教师增加最多，增幅为 1.96%；30 岁以下专任教师所占比例减少最多，减幅为 2.34%（见图 3-21）。

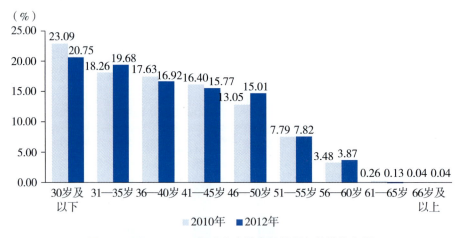

图 3-21　2010—2012 年成人高校专任教师年龄结构变化

【数据来源】中国教育统计年鉴 2010—2012 ［M］. 北京：人民教育出版社，2011—2013.

2012 年，成人中专专任教师的年龄结构以中青年为主。从总体来看，40 岁以下的专任教师所占比例为 48.30%，41—55 岁的专任教师所占比例为 47.77%，55 岁以上的专任教师所占比例为 3.92%。从 2012 年各年龄阶段的分布来看，41—45 岁的专任教师所占比例最高，达到 20.25%，其次分别是 36—40 岁的专任教师，占 18.79%，和 46—50 岁的专任教师，占 18.27%。2010—2012 年，46—50 岁的专任教师增加最多，增幅为 3.59%；30 岁以下的专任教师所占比例减少最多，减幅为 2.64%。30 岁以下的年轻教师的补充数量低于 46—50 岁专任教师的增加数量，专任教师的平均年龄进一步提高（见图 3-22）。

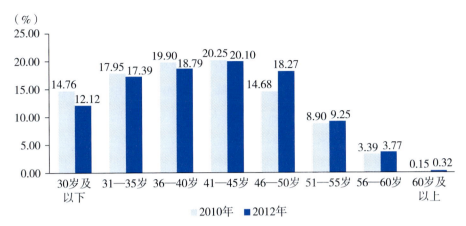

图 3-22 **2010—2012 年成人中专专任教师年龄结构变化**

【数据来源】中国教育统计年鉴 2010—2012［M］. 北京：人民教育出版社，2011—2013.

4. 专任教师中双师型教师的比例增加

2010—2012 年，成人高校专任教师中，专业课教师比例从 68.80%提高到 70.02%，提高了 1.22 个百分点，规模达到 2.69 万人。2012 年，成人高校双师型教师虽然减少了 83 人达到 6937 人，但由于专任教师整体数量减幅更大，双师型教师占专任教师比例反而有所提高，从 15.49%提高到 18.03%，提高了 2.54 个百分点。

2010—2012 年，成人中专专业课教师占专任教师的比例从 48.37%降低到 46.32%，降低了 2.05 个百分点，规模减少到 2.40 万人。成人中专双师型教师有所增加，达到 0.66 万人，占专任教师比例从 2010 年的 10.76%提高到 2012 年的 12.35%，提高了 1.59 个百分点。

（三）继续教育兼职教师队伍仍不稳定

从 2010—2012 年的变化来看，各级各类继续教育教师队伍中的兼职教师规模及比重整体呈下降趋势，除成人中专和成人初中兼职教师数量略有增加外，其余普遍缩减。兼职教师中双师型教师的比例相对稳定，其中，成人高校兼职教师中双师型教师占比低于专任教师中双师型教师占比 6.43 个百分点，成人中专兼职教师中双师型教师占比高于专任教师中双师型教师占比 15.37 个百分点。

1. 继续教育兼职教师数量普遍缩减

2012 年，各级各类继续教育机构有兼职教师约 39.81 万人，比 2010 年的 44.68 万人减少了 4.87 万人，下降了 10.90%。其中，职业技术培训学校（机构）兼职教师减少了 3.22 万人；成人高校、成人高中、成人小学兼职教师数量分别减少了 0.23 万人、0.04 万人、1.68 万人；成人小学兼职教师数量下降幅度最大，为 37.75%，职业技术培训学校（机构）兼职教师数量下降了 9.96%，成人高中下降了 9.30%，成人高校下降了 4.99%；成人中专和成人初中兼职教师数量分别增加了 0.12 万人和 0.18 万人，增长了 5.06% 和 36.73%（见图 3-23）。

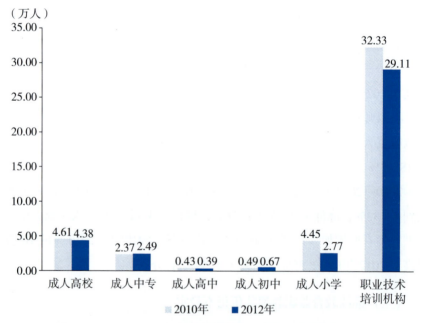

图 3-23　2010—2012 年各级继续教育机构兼职教师数量变化

【数据来源】中国教育统计年鉴 2010—2012 ［M］. 北京：人民教育出版社，2011—2013.

2. 兼职教师占教师队伍比例增减不一

2012 年，各级各类继续教育机构有专任教师和兼职教师共 81.76 万人，其中，专任教师 41.95 万人，占专兼职教师总数的 51.31%，兼职教师

39.81 万人，占专兼职教师总数的 48.69%。与 2010 年相比，兼职教师总量减少了 4.87 万人，兼职教师所占比例下降了 5.23 个百分点。降幅最高的为成人高中，从 2010 年的 55.13% 降至 2012 年的 40.21%，下降了 14.92 个百分点；其次为成人小学，从 60.79% 降至 47.76%，下降了 13.03 个百分点；职业技术培训学校（机构）兼职教师所占比例从 57.16% 减至 50.77%，下降了 6.39 个百分点。

成人高校兼职教师占专兼职教师总数的比例则从 2010 年的 50.10% 提高到 2012 年的 52.64%，提高了 2.54 个百分点；成人中专增幅最大，从 2010 年的 26.13% 增加到 31.48%，提高了 5.35 个百分点。

3. 兼职教师中双师型教师保持相对稳定

2010—2012 年，成人高校兼职教师中，专业课教师比例从 68.42% 降低到 67.44%，降低了 0.98 个百分点，规模达到 2.96 万人。2012 年，成人高校兼职教师中双师型教师略有减少，双师型教师占兼职教师比例也从 17.35% 降至 17.19%，下降了 0.16 个百分点。2012 年，成人高校兼职教师中双师型教师比例低于专任教师中双师型教师比例 6.43 个百分点。

2010—2012 年，成人中专专业课教师占兼职教师的比例变化不大，从 73.94% 提高到 73.98%，提高了 0.04 个百分点，规模达到 1.84 万人。2012 年，成人中专双师型教师有所增加，达到 0.69 万人，占兼职教师比例从 2010 年的 33.07% 提高到 2012 年的 37.47%，提高了 4.40 个百分点。2012 年，成人中专兼职教师中双师型教师比例高于专任教师中双师型教师比例 15.37 个百分点。

三、继续教育办学条件

继续教育的办学条件是继续教育质量的重要构成要素。2010—2012 年，继续教育基础设施建设及办学条件总体上得到持续改善，呈现出以下两个特点：首先，非学校教育机构的发展态势优于学校教育机构，与教师队伍发展的情况类似，各类职业技术培训学校（机构）的办学条件得到了较快的提升，而成人高校和成人中专的学校数量持续萎缩，影响到了这两类学校各项基础办学条件的改善；其次，成人高校和成人中专的部分办学条件得到改善，学校数量的下降并未影响到继续教育办学资源的整体供给。例如，尽管成人高校的学校数量减少了 4.66%，但成人高校固定资产增加了 13.81 亿元，增长了 6.80%。成人中专数量减少主要集中在地方非教育部门所属学校。成人中专的校舍面积等指标随着学校数量的减少出现了下滑，学校资产和各项教育资源的供给能力却保持了增长，这说明成人中专学校数量的下降可能更多地受到了资源整合的影响。

（一）成人高校基础设施建设陷入两难境地

2010—2012 年，我国社会成员多元化的高等教育需求与成人高校办学资源的萎缩形成了明显的矛盾，我国成人高校面临调整与转型的挑战，成人高校的数量从 365 所减少到 348 所，减少了 4.66%。同期，成人高校成人本专科在校生人数从 2010 年的 46.64 万人减少到 43.83 万人，减少了 6.02%。受办学资源、办学投入的制约，成人高校的基础设施、教学设备、后勤保障等各项指标整体处于下滑态势，凸显出成人高校供给资源不足、办学竞争力偏弱的现状，影响了成人高等教育的质量，也影响了其声誉和社会认可度。

1. 校舍面积逐年减少

从各类校舍的情况来看，校舍的整体情况呈现出普遍下滑的趋势。其中，学校产权建筑面积、行政办公用房面积、生活用房面积和教工住宅面积等指标的下滑速度均超过了成人高校数量减少的速度。

2012 年，我国成人高校产权建筑面积为 1758.57 万平方米，比 2011 年减少了 84.97 万平方米，减少了 4.61%（见图 3-24）。2010—2012 年，成人高校的产权建筑面积呈逐年递减态势，累计减少 119.36 万平方米，下降了 6.36%（见图 3-24）。

2012 年，成人高校教学及辅助用房面积为 799.16 万平方米（包含专用科研用房 5.98 万平方米），比 2011 年减少了 32.49 万平方米，减少 3.91%。2010—2012 年，成人高校学校教学与辅助用房面积累计减少 30.35 万平方米，下降了 3.66%。其中，教室、实验实习场所、图书馆、会堂的面积都呈

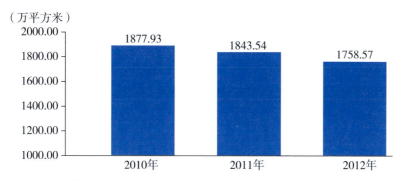

（万平方米）

图 3-24 **2010—2012 年成人高校产权建筑面积变化**

【数据来源】中国教育统计年鉴 2010—2012 ［M］. 北京：人民教育出版社，2011—2013.

逐年递减趋势，2012 年，教室面积为 420.91 万平方米，比 2010 年减少了 27.52 万平方米，降幅为 6.14%；实验实习场所面积为 199.73 万平方米，比 2010 年减少 8.62 万平方米，降幅为 4.14%；图书馆和会堂面积分别为 82.74 万平方米和 28.56 万平方米，分别减少了 5.74 万平方米和 4.23 万平方米，降幅分别为 6.49% 和 12.90%（见图 3-25）。相对而言，体育馆的

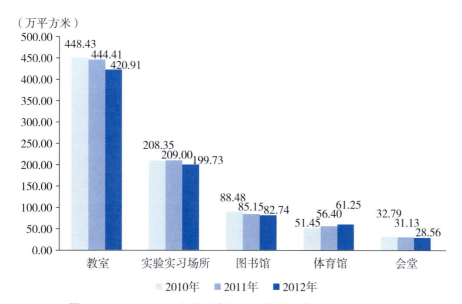

（万平方米）

图 3-25 **2010—2012 年成人高校主要教学及辅助用房面积变化**

【数据来源】中国教育统计年鉴 2010—2012 ［M］. 北京：人民教育出版社，2011—2013.

面积逐年增加：2010 年为 51.45 万平方米、2011 年为 56.40 万平方米、2012 年为 61.25 万平方米，2012 年比 2010 年增加了 9.80 万平方米，增长了 19.05%（见图 3-25）。

2012 年，成人高校行政办公用房面积为 177.64 万平方米，比 2011 年减少了 7.36 万平方米，降幅为 3.98%；2011 年比 2010 年减少了 5.58 万平方米，降幅为 2.93%；2010—2012 年，成人高校行政办公用房面积共减少 12.94 万平方米，降幅为 6.79%（见图 3-26）。

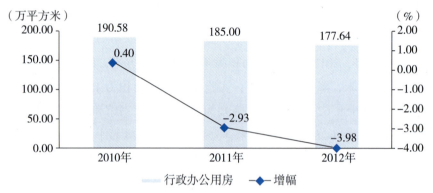

图 3-26　**2010—2012 年成人高校行政办公用房面积变化**

【数据来源】中国教育统计年鉴 2010—2012［M］．北京：人民教育出版社，2011—2013.

2012 年，成人高校生活用房面积为 585.23 万平方米，比 2011 年的 599.57 万平方米减少了 14.34 万平方米，降幅为 2.39%，比 2010 年的 614.57 万平方米减少了 29.34 万平方米，降幅为 4.77%。具体来看，2012 年，学生宿舍面积为 405.97 万平方米，比 2010 年减少了 9.34 万平方米；学生食堂面积为 78.13 万平方米，比 2010 年减少了 5.32 万平方米；教工单身宿舍面积为 14.90 万平方米，比 2010 年减少了 0.13 万平方米；教工食堂面积为 9.34 万平方米，比 2010 年增加了 0.92 万平方米；生活福利及其他用房面积为 76.89 万平方米，比 2010 年减少了 15.47 万平方米（见图 3-27）。

2010—2012 年，成人高校教工住宅面积累积减少 59.28 万平方米，降幅为 24.37%。2012 年教工住宅面积为 184.00 万平方米，比 2011 年减少了 35.56 万平方米，降幅为 16.20%；2011 年教工住宅面积为 219.56 万平

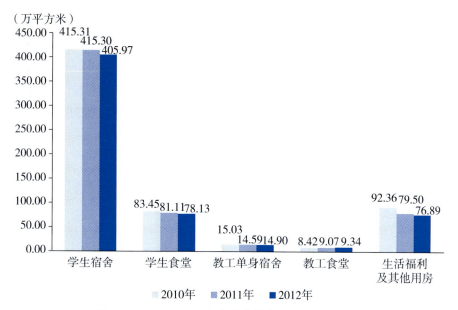

图 3-27　2010—2012 年成人高校生活用房面积变化

【数据来源】中国教育统计年鉴 2010—2012［M］. 北京：人民教育出版社, 2011—2013.

方米, 比 2010 年减少了 23.72 万平方米, 降幅为 9.75%; 2010 年教工住宅面积为 243.28 万平方米, 比 2009 年 (251.44 万平方米) 减少了 8.16 万平方米, 降幅为 3.25% (见图 3-28)。

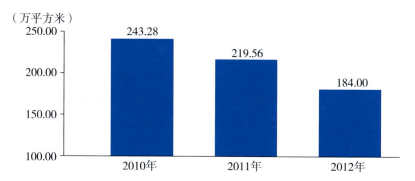

图 3-28　2010—2012 年成人高校教工住宅面积变化

【数据来源】中国教育统计年鉴 2010—2012［M］. 北京：人民教育出版社, 2011—2013.

2. 学校资产增减变化不一

2012 年，成人高校学校占地面积为 3532.21 万平方米，比 2011 年的 3484.86 万平方米增加了 47.35 万平方米，增长了 1.36%；2011 年比 2010 年减少了 12.47 万平方米，下降了 0.36%。2010—2012 年，成人高校学校占地面积在有增有减中小幅扩大，共增加 34.88 万平方米，增长近 1%（见图 3-29）。

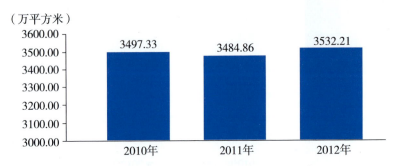

图 3-29 **2010—2012 年成人高校学校占地面积变化**

【数据来源】中国教育统计年鉴 2010—2012［M］．北京：人民教育出版社，2011—2013.

2012 年，成人高校拥有的图书、教学用计算机、多媒体教室座位和语音实验室座位数量相比 2011 年略有下降。2012 年成人高校有图书 4759 万册，比 2010 年减少了 232 万册，减少了 4.65%；多媒体教室座位 41.72 万个，比 2010 年增加了 0.15 万个，增长 0.36%；教学用计算机 16.62 万台，比 2010 年增加了 0.44 万台，增长 2.72%；语音实验室座位 4.64 个，比 2010 年减少了 0.09 万个，减少 1.90%（见表 3-2）。

表 3-2 **2010—2012 年成人高校拥有图书、教学用计算机、**
语音实验室座位和多媒体教室座位的数量变化

年份	图书 （万册）	教学用计算机 （万台）	多媒体教室座位 （万个）	语音实验室座位 （万个）
2010	4991	16.18	41.57	4.73
2011	4983	17.56	42.86	6.10
2012	4759	16.62	41.72	4.64

【数据来源】中国教育统计年鉴 2010—2012［M］．北京：人民教育出版社，2011—2013.

2012 年，成人高校的固定资产总计 216.98 亿元，比 2011 年减少了 4.81 亿元，降幅为 2.17%；2011 年成人高校固定资产总额为 221.79 亿元，比 2010 年增加了 18.62 亿元，增幅为 9.16%；2010—2012 年，成人高校固定资产增加 13.81 亿元，增幅为 6.80%（见图 3-30）。此外，2012 年成人高校的固定资产中教学、科研仪器设备资产为 16.20 亿元，新增 1.39 亿元。

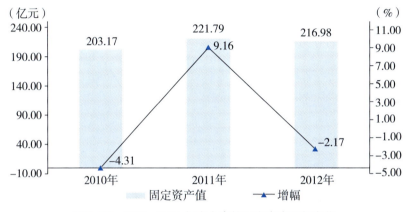

图 3-30　2010—2012 年成人高校固定资产总额变化

【数据来源】中国教育统计年鉴 2010—2012 ［M］. 北京：人民教育出版社，2011—2013.

（二）成人中专办学条件总体不容乐观

2010—2012 年，成人中专数量从 2010 年的 1720 所减少到 2012 年的 1564 所，减少了 9.07%。其中，地方非教育部门所属成人中专减少了 71 所，教育部门所属的成人中专减少了 66 所，中央部分所属成人中专减少 36 所，民办成人中专减少 316 所。同样受到学校数量减少的影响，成人中专的基础设施，包括校舍面积、学校资产等各项指标均出现下滑，学生实验实习场所面积和教职工住宅面积等指标的降幅超过 20%。但值得关注的是，成人中专的图书馆和会堂面积却有所增加。此外，受益于继续教育经费投入的增加，成人中专学校资产总量没有受到学校数量减少的影响，多项指标保持了稳定增长。

1. 学校建筑用房面积整体下滑

2010—2012 年，成人中专的学校产权建筑面积总体减少，从 2010 年的 1157.70 万平方米减至 2012 年的 1058.51 万平方米，减少了 99.19 万平方米，降幅为 8.57%。具体来看，2011 年学校产权建筑面积（1027.12 万平方米）比 2010 年减少了 130.58 万平方米，下降了 11.28%；2012 年比 2011 年的增加了 31.39 万平方米，增长了 3.06%（见图 3-31）。

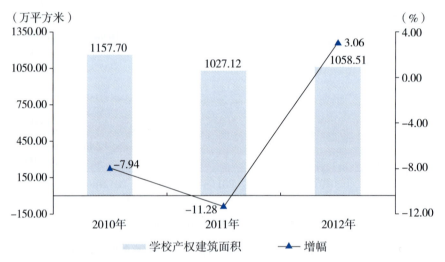

图 3-31 **2010—2012 年成人中专的学校产权建筑面积变化**

【数据来源】中国教育统计年鉴 2010—2012 ［M］. 北京：人民教育出版社，2011—2013.

2010—2012 年，成人中专教学及辅助用房面积整体下滑。2012 年，成人中专的教学及辅助用房面积为 472.35 万平方米，比 2010 年的 501.18 万平方米减少了 28.83 万平方米，降幅为 5.75%。具体来看，教室、实验实习场所和体育馆面积都有所减少，而图书馆和会堂面积则有所增加。其中，教室面积 2012 年比 2010 年减少了 7.07 万平方米，降幅为 2.22%；实验实习场所面积 2012 年比 2010 年减少了 25.05 万平方米，降幅为 21.38%；体育馆面积 2012 年比 2010 年减少了 1.70 万平方米，降幅 10.82%；图书馆面积 2012 年比 2010 年增加了 4.07 万平方米，增幅为 14.09%；会堂面积 2012 年比 2010 年增加了 0.92 万平方米，增幅为 4.35%（见图 3-32）。

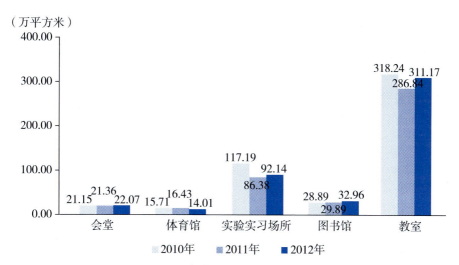

图 3-32 **2010—2012 年成人中专教学及辅助用房面积变化**

【数据来源】中国教育统计年鉴 2010—2012［M］. 北京：人民教育出版社, 2011—2013.

2010—2012 年，成人中专行政用房面积减少 20.88 万平方米，降幅为 13.63%。2012 年成人中专行政用房面积为 132.36 万平方米，比 2011 年的 133.14 万平方米减少了 0.78 万平方米，降幅为 0.59%；2011 年行政用房面积比 2010 年的 153.24 万平方米减少了 20.10 万平方米，降幅为 13.12%（见图 3-33）。

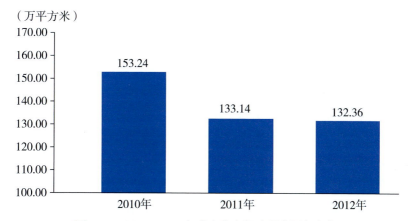

图 3-33 **2010—2012 年成人中专行政用房面积变化**

【数据来源】中国教育统计年鉴 2010—2012［M］. 北京：人民教育出版社, 2011—2013.

2012 年，成人中专生活用房面积比 2010 年减少了 37.48 万平方米，降幅为 9.50%。2012 年成人中专生活用房面积为 357.02 万平方米，比 2011 年的 361.58 万平方米减少了 4.56 万平方米，降幅为 1.26%；2011 年生活用房面积比 2010 年的 394.50 万平方米减少了 32.92 万平方米，降幅为 8.34%；2010 年生活用房面积比 2009 年（457.15 万平方米）减少了 62.65 万平方米，降幅为 13.70%（见图 3-34）。

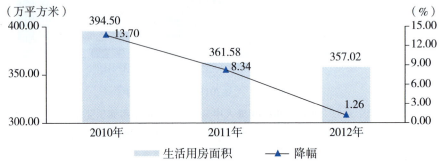

图 3-34 **2010—2012 年成人中专生活用房面积变化**

【数据来源】中国教育统计年鉴 2010—2012 ［M］. 北京：人民教育出版社，2011—2013.

2012 年，成人中专教工住宅面积为 79.64 万平方米，比 2011 年的 80.69 万平方米减少了 1.05 万平方米，降幅为 1.30%；2011 年教工住宅面积比 2010 年的 108.78 万平方米减少了 28.09 万平方米，降幅为 25.82%；2012 年成人中专教工住宅面积比 2010 年减少了 29.14 万平方米，降幅为 26.79%（见图 3-35）。

2. 学校资产和教学资源增多于减

2010—2012 年，成人中专各项教学资源的数量变化均呈波动态势，总体数量增减不一，教学资源中教学用计算机、多媒体教室座位及语音实验室座位数有所增加，而拥有图书数有所减少。2012 年，成人中专学校拥有图书总计 2396 万册，比 2010 年减少了 65 万册，减少了 2.64%；拥有教学用计算机总计 16.86 万台，比 2010 年增加了 1.85 万台，增长了 12.33%；拥有语音实验室座位 4.78 万个，比 2010 年增加了 0.18 万个，增长了 3.91%；拥有多媒体教室座位 22.24 万个，比 2010 年增加了 0.40 万个，增长了 1.83%（见表 3-3）。

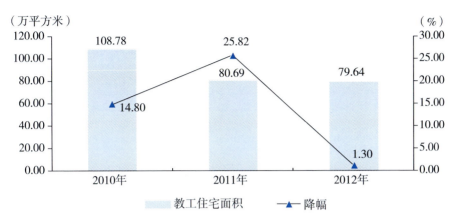

图 3-35　**2010—2012 年成人中专教工住宅面积变化**

【数据来源】中国教育统计年鉴 2010—2012 ［M］. 北京：人民教育出版社，2011—2013.

表 3-3　**2010—2012 年成人中专拥有图书、教学用计算机、**
语音实验室座位和多媒体教室座位的数量变化

年份	图书 （万册）	教学用计算机 （万台）	多媒体教室座位 （万个）	语音实验室座位 （万个）
2010	2461	15.01	21.84	4.60
2011	2362	16.98	21.26	5.38
2012	2396	16.86	22.24	4.78

【数据来源】中国教育统计年鉴 2010—2012 ［M］. 北京：人民教育出版社，2011—2013.

2012 年，成人中专拥有教学、科研仪器设备资产 19.23 亿元，比 2011 年的 17.63 亿元增加 1.60 亿元，增长 9.08%；2011 年成人中专拥有的教学、科研仪器设备资产比 2010 年的 18.62 亿元减少了 0.99 亿元，下降 5.32%；2010—2012 年，成人中专学校的教学、科研仪器设备资产增加了 0.61 亿元，增长 3.28%（见图 3-36）。

2012 年，成人中专的固定资产值为 112.08 亿元，比 2011 年的 112.71 亿元减少了 0.63 亿元，减少 0.56%；2011 年成人中专的固定资产值比 2010 年的 107.88 亿元增加了 4.83 亿元，增长了 4.48%；2010—2012 年，成人中专的固定资产值增加了 4.20 亿元，增长了 3.89%（见图 3-37）。

图 3-36 **2010—2012 年成人中专的教学、科研仪器设备资产值的变化**

【数据来源】中国教育统计年鉴 2010—2012 ［M］. 北京：人民教育出版社，2011—2013.

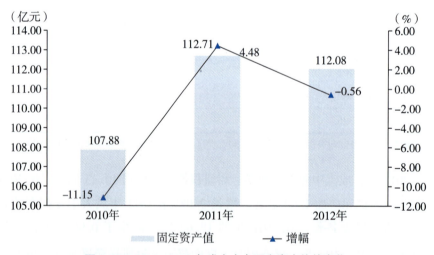

图 3-37 **2010—2012 年成人中专固定资产值的变化**

【数据来源】中国教育统计年鉴 2010—2012 ［M］. 北京：人民教育出版社，2011—2013.

2010—2012 年，成人中专学校占地面积共减少了 21.13 万平方米，减少了 0.84%。2012 年，成人中专学校的占地面积为 2503.65 万平方米，比 2011 年的 2482.58 万平方米增加了 21.07 万平方米，增长了 0.85%；2011

年成人中专占地面积比 2010 年的 2524.78 万平方米减少了 42.20 万平方米，下降 1.67%（见图 3-38）。

图 3-38　2010—2012 年成人中专学校占地面积变化

【数据来源】中国教育统计年鉴 2010—2012［M］. 北京：人民教育出版社，2011—2013.

（三）各类职业技术培训学校（机构）供给能力有所改观

各类职业技术培训学校（机构）已成为继续教育的重要力量，其办学条件和供给能力逐年改善。2012 年，各类职业技术培训学校（机构）固定资产总值为 477.00 亿元，其中，职工技术培训学校（机构）固定资产值为 132.85 亿元，占 27.85%；农村成人文化技术学校固定资产值为 146.07 亿元，占 30.62%；其他培训机构固定资产值为 198.08 亿元，占 41.53%。2010—2012 年，各类职业技术培训学校（机构）办学条件有所改观，固定资产总值增加 44.25 亿元，增长 10.23%。

1. 职工技术培训学校（机构）各项资产显著增加

2012 年，我国职工技术培训学校（机构）固定资产总值为 132.85 亿元，比 2010 年增加了 63.49 亿元，增长 91.54%；教学、实习仪器设备资产值为 31.73 亿元，比 2010 年增加了 16.21 亿元，增长 104.45%。2010—2012 年，我国职工技术培训学校（机构）的固定资产总值以及固定资产中的教学、实习仪器设备资产总值都有显著增加，翻了近一倍（见图 3-39）。

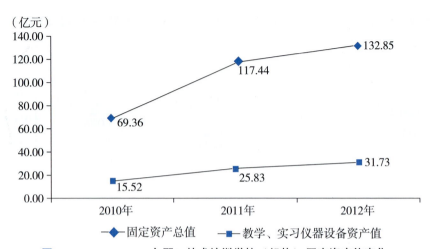

图 3-39 **2010—2012 年职工技术培训学校（机构）固定资产值变化**

【数据来源】中国教育统计年鉴 2010—2012 ［M］. 北京：人民教育出版社，2011—2013.

2010—2012 年，我国职工技术培训学校（机构）各项资产值均有大幅增加，增幅最高的为职工技术培训学校（机构）所拥有的语音实验室座位数，从 2010 年的 3.18 万个，增加到 2012 年的 9.40 万个，增长了 195.60%；拥有多媒体教室座位数 17.68 万个，比 2010 年增加了 6.06 万个，增长 52.15%；拥有教学用计算机 14.26 万台，比 2010 年增加了 5.18 万台，增长 57.05%（见图 3-40）。图书藏量达 1910.04 万册，比 2010 年增加了 649.22 万册，增长 51.49%（见图 3-41）。

图 3-40 **2010—2012 年职业技术培训学校（机构）教学资产数量变化**

【数据来源】中国教育统计年鉴 2010—2012 ［M］. 北京：人民教育出版社，2011—2013.

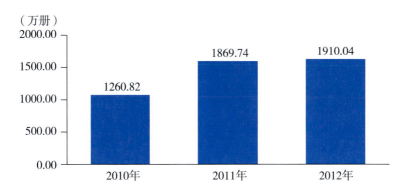

图 3-41 2010—2012 年职业技术培训学校（机构）图书藏量变化

【数据来源】中国教育统计年鉴 2010—2012 ［M］. 北京：人民教育出版社，2011—2013.

2012 年，职业技术培训学校（机构）占地面积从 2010 年的 1337.96 万平方米增加到 2012 年的 2709.87 万平方米，增长了 102.54%；教学行政用房面积从 2010 年的 472.62 万平方米增加到 2012 年的 833.84 万平方米，增长 76.43%（见图 3-42）。

图 3-42 2010—2012 年职业技术培训学校（机构）占地及教学用房面积变化

【数据来源】中国教育统计年鉴 2010—2012 ［M］. 北京：人民教育出版社，2011—2013.

2. 农村成人文化技术学校资产呈三增三减态势

2010—2012 年，农村成人文化技术学校的固定资产，以及固定资产中的教学、实习仪器设备资产值均有较为显著的增加。2012 年，我国农村成人文化技术学校固定资产总值为 146.07 亿元，比 2010 年增加了 37.12 亿元，增长 34.07%。2010—2012 年，固定资产总值中教学、实习仪器设备资产值实现稳步增长（见图 3-43）。2012 年农村成人文化技术学校教学、实习仪器设备资产值为 28.35 亿元，比 2010 年增加了 10.02 亿元，增长 54.66%。

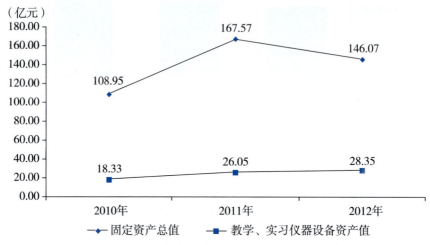

（亿元）

图 3-43 2010—2012 年农村成人文化技术学校固定资产值变化

【数据来源】中国教育统计年鉴 2010—2012［M］. 北京：人民教育出版社，2011—2013.

2010—2012 年，农村成人文化技术学校的教育资源指标出现三增三减。其中，农村成人文化技术学校的图书藏量、教学用计算机和语音实验室座位数三项指标有增加，而占地面积、教学行政用房面积、多媒体教室座位数三项指标出现下降。2012 年，农村成人文化培训学校图书藏量 4453.51 万册，比 2010 年增加了 136.00 万册，增长 3.15%；教学用计算机 23.05 万台，比 2010 年增加了 2.93 万台，增长 14.56%；语音实验室座位数 19.15 万个，比 2010 年增加了 8.89 万个，增长 86.65%（见表 3-4）。在农村成人文化技术学校下降的三项指标中，占地面积从 2010 年的 8928.38 万平方米下降到 2012 年的 5948.07 万平方米，减少了 2980.31 万平方米，下降 33.38%；教学行政用房面积从 2010 年的 2608.73 万平方米减少到 2012 年的 1678.40 万平方米，减少了 930.33 万平方米，下降 35.66%；多媒体教室座位数从 2010 年的 38.51 万个减少到 2012 年的 31.01 万个，减少了 7.50 万个，下降 19.48%（见表 3-4）。

表 3-4　　2010—2012 年农村成人文化技术学校办学资产变化

年份	占地面积（万平方米）	教学行政用房面积（万平方米）	图书（万册）	教学用计算机（万台）	多媒体教室座位（万个）	语音实验室座位（万个）
2010	8928.38	2608.73	4317.51	20.12	38.51	10.26
2011	7724.90	2338.92	4667.45	22.35	37.13	25.65
2012	5948.07	1678.40	4453.51	23.05	31.01	19.15

【数据来源】中国教育统计年鉴 2010—2012 [M]. 北京：人民教育出版社，2011—2013.

3. 其他培训机构固定资产持续减少

2010—2012 年，其他培训机构的固定资产总值以及固定资产中的教学、实习仪器设备资产值持续大幅减少。由于相关经费投入的减少和资产折旧，其他培训机构的固定资产快速减少。2012 年，其他培训机构的固定资产总值为 198.08 亿元，比 2010 年减少 56.36 亿元，降幅为 22.15%；在 2012 年固定资产总值中，教学、实习仪器设备资产值为 75.49 亿元，比 2010 年减少 60.96 亿元，降幅为 44.68%（见图 3-44）。

图 3-44　2010—2012 年其他培训机构固定资产值变化

【数据来源】中国教育统计年鉴 2010—2012 [M]. 北京：人民教育出版社，2011—2013.

2010—2012 年，其他培训机构的各项教育资源均有不同程度的增加。其中，语音实验室座位数增幅最大，其次是教学行政用房建筑面积和图书藏量。2012 年，其他培训机构的占地面积 3634.45 万平方米，比 2010 年增加了 837.98 万平方米，增长 29.97%；教学行政用房面积 2036.07 万平方米，比 2010 年增加了 634.30 万平方米，增长 45.25%；图书藏量 7762.46 万册，比 2010 年增加了 2221.74 万册，增长 40.10%；教学用计算机 42.82 万台，比 2010 年增加了 5.12 万台，增长 13.58%；多媒体教室座位 60.71 万个，比 2010 年增加了 9.96 万个，增长 19.63%；语音实验室座位 88.18 万个，比 2010 年增加了 67.51 万个，增长 326.61%（见表 3-5）。

表 3-5　2010—2012 年其他培训机构办学资产变化

年份	占地面积（万平方米）	教学行政用房面积（万平方米）	图书（万册）	教学用计算机（万台）	多媒体教室座位（万个）	语音实验室座位（万个）
2010	2796.47	1401.77	5540.72	37.70	50.75	20.67
2011	3924.14	1668.38	6773.77	37.26	46.67	29.95
2012	3634.45	2036.07	7762.46	42.82	60.71	88.18

【数据来源】中国教育统计年鉴 2010—2012 [M]．北京：人民教育出版社，2011—2013．

四、社会文化资源的开放与共享

社会文化资源的开放与共享是动员和鼓励全社会参与继续教育的重要平台，也是在学校教育资源外，社会公众接受继续教育的重要渠道，是继续教育保障条件的重要内容。丰富的社会文化资源对满足多样的继续教育需求、适应社会多形式继续教育的要求、发挥学校继续教育的重要补充作用、提高社会公众的综合素质和能力至关重要。2010—2012 年，全国各地普遍加快构建公共文化服务体系，推动城乡公共文化设施互联互通，提高各类文化资源利用率，社会文化资源及各类基础设施的数量持续增加，公众对这些资源的利用效率明显提高。同时，受益于终身学习理念的进一步深入人心，各类媒体和信息技术的广泛应用为社会成员接受继续教育提供了机会和条件。

（一）各类公共文化设施利用率不断提升

2012年，全国各类公共文化场馆建设有了新的发展，包括剧场、影院、音乐厅等在内的各种艺术表演场馆共有2364个，演出场次达118.69万场次；全国有艺术馆、文化馆（站）约4.39万个；博物馆3069个，参观人次达5.64亿人次；公共图书馆3076个，图书总藏量7.89亿册，实行免费开放，总流通人次约4.34亿人次。

2012年，我国各类群众文化场馆数量均有所增加。其中，数量增长最快的是博物馆。2012年，博物馆比2010年增加了634个，增幅为26.04%；艺术表演场馆比2010年增加了252个，增幅为11.93%；公共图书馆和文化馆分别比2010年增加了192个和494个，增幅为6.66%和1.14%；全国有体育场馆688个，比2010年减少了53个，下降7.15%。

从各类群众文化场馆的应用情况来看，除了文化馆以外，其他文化场馆的利用率均有所提升。2012年，公共图书馆的总流通人次为4.34亿人次，比2010年增加1.06亿人次，增长32.32%；博物馆的参观人次共计5.64亿人次，比2010年增加1.57亿人次，增长38.57%（见图3-45）。

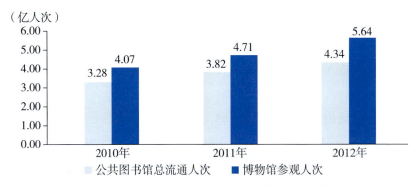

图 3-45　2010—2012年公共图书馆、博物馆利用情况

【数据来源】中国统计年鉴2010—2012［M］. 北京：中国统计出版社，2011—2013.

博物馆举办展览 1.19 万个，比 2010 年增加了 0.18 万个，增长 17.82%；艺术表演场馆举办演出 118.69 万场次，比 2010 年增加了 37.57 万场次，增长 46.31%（见图 3-46）。文化馆举办培训班 38.72 万次，比 2010 年增加了 2.85 万次，增长 7.95%；文化馆举办展览 11.48 万个，比 2010 年减少了 0.26 万个，下降 2.21%（见图 3-47）。在各类文化场馆中，利用率提升最显著的是艺术表演场馆、博物馆和公共图书馆。

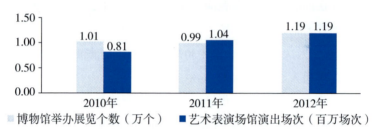

图 3-46　2010—2012 年各类群众文化场馆利用情况

【数据来源】中国统计年鉴 2010—2012 ［M］. 北京：中国统计出版社，2011—2013.

图 3-47　2010—2012 年文化场馆利用情况

【数据来源】中国统计年鉴 2010—2012 ［M］. 北京：中国统计出版社，2011—2013.

（二）纸质出版物种类不断丰富

全民阅读水平是衡量社会文明程度的重要标志。自 1999 年起，中国已开展了 10 次全国国民阅读调查。据 2013 年第十次全国国民阅读调查数据显示，2012 年中国国民图书阅读率、传统纸质阅读率、国民图书读买量都呈现上升态势。其中，18—70 周岁国民图书阅读率为 54.9%（见图

3-48），报纸的阅读率为 58.2%，期刊阅读率为 45.2%，数字化阅读方式的接触率为 40.3%，综合各媒介阅读率为 76.3%。

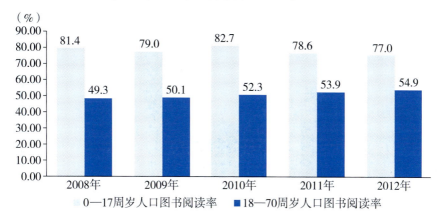

图 3-48　2008—2012 年全国 0—17 周岁和 18—70 周岁年龄人口图书阅读率比较

【数据来源】中国新闻出版研究院 2008—2012 年全国国民阅读调查（http://www.chuban.cc/ztjj/yddc/）。

2010—2012 年，图书、期刊和报纸等纸质出版物的发行总量均有所增加，但个别种类的发行量略有下降。2012 年，我国发行的图书共有 41.40 万种，图书总印数为 79.20 亿册，比 2010 年分别增加了 8.56 万种和 7.50 亿册，增幅为 26.07% 和 10.46%（见图 3-49）。发行期刊 9867 种，比 2010 年减少了 17 种，下降 0.17%（见图 3-50）；期刊总印数 33.50 亿册，

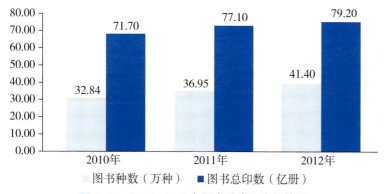

图 3-49　2010—2012 年图书种类和发行情况

【数据来源】中国统计年鉴 2010—2012［M］. 北京：中国统计出版社，2011—2013.

比 2010 年增加了 1.30 亿册，增长 4.04%。发行报纸 1918 种，比 2010 年减少了 21 种，下降 1.08%（见图 3-50）；报纸总印数为 482.30 亿份，比 2010 年增加了 30.20 亿份，增长 6.68%。整体来看，各类纸质出版物发行总量均呈上升趋势，图书的发行量增幅最为明显，期刊、报纸的发行量集中度有所提高。

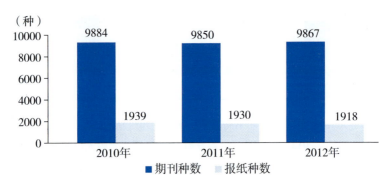

图 3-50　2010—2012 年期刊和报纸种类变化情况

【数据来源】中国统计年鉴 2010—2012 ［M］. 北京：中国统计出版社，2011—2013.

2010—2012 年，录像制品和录音制品无论出品种类还是发行数量均有下降。2012 年录像制品的出版种数有 8894 种，比 2010 年减少了 2019 种，下降 18.50%；发行数量为 1.66 亿盒（张），比 2010 年减少了 0.19 亿盒（张），下降 10.27%。2012 年录音制品的出版种数有 9591 种，比 2010 年减少了 1048 种，下降 9.85%；发行数量为 2.28 亿盒（张），比 2010 年减少了 0.11 亿盒（张），减少 4.60%。

（三）广播、电视、网络普及率不断提高

2010—2012 年，我国广播、电视、电话和互联网的建设不断推进。从各项通信与媒体建设情况来看，互联网上网人数、互联网普及率和电话普及率的增幅最大，这主要得益于资讯时代的快速发展和巨大的发展空间。2012 年，我国广播节目综合人口覆盖率为 97.51%，比 2010 年增加了 0.73%，增幅为 0.75%；电视节目综合人口覆盖率为 98.20%，比 2010 年增加了 0.58%，增幅为 0.59%；有线广播电视用户数占家庭总户数的比重

为 51.50%，比 2010 年增加了 5.10%，增幅为 10.99%；互联网上网人数为 5.64 亿人，比 2010 年增加了 1.07 亿人，增幅为 23.41%；互联网普及率为 42.1%，比 2010 年增加了 7.8%，增幅为 22.7%；每千人拥有公用电话 17.40 部，比 2010 年减少了 2.05 部，降幅为 10.54%；电话普及率为 103.10 部/百人，比 2010 年增加了 16.69 部/百人，增幅为 19.31%（见图 3-51）。

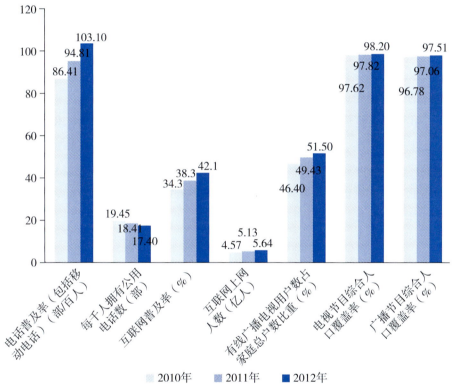

图 3-51　**2010—2012 年广播、电视、电话和网络建设情况**

【数据来源】中国统计年鉴 2010—2012［M］.北京：中国统计出版社，2011—2013.

第四章

继续教育区域发展水平

继续教育是面向学校教育之后所有社会成员的教育活动，特别是成人的教育活动，是终身学习体系的重要组成部分。继续教育在促进区域经济社会发展中发挥着"助推器"的作用，是提高劳动者素质、持续开发人力资源的有效途径。

我国幅员辽阔，各地区的社会经济发展速度和水平不均衡，使继续教育在规模、层次、结构、内容、形式以及质量水平等方面存在一定的区域差异。深入研究我国各省区市继续教育发展的基本状况及地区差异，有利于各地发挥区域优势，准确定位，形成科学的继续教育空间布局，促进区域继续教育统筹协调、可持续发展。

一、31 个省区市继续教育发展水平比较

本研究以数据和事实为基础，选取继续教育存量、继续教育机会、继续教育资源 3 个维度和 14 个指标，建立评价指标体系和分析框架，对我国 31 个省区市继续教育水平进行概括和评价，客观反映继续教育基本现状、发展潜力、保障条件及公平性，并运用继续教育综合指数对 31 个省区市继续教育综合水平进行排名和分析比较，以期为加快发展继续教育提供决策依据。

（一）人力资源不断优化但发展短板凸显

衡量各省区市继续教育存量水平主要用成人识字率、6 岁及以上人口平均受教育年限和劳动人口平均受教育年限来表征。成人识字率反映人口

接受教育的普及程度；6 岁及以上人口平均受教育年限是反映人口总体受教育水平的综合指标之一；劳动人口平均受教育年限是反映劳动力素质的重要变量之一。

1. 成人识字率持续提升，区域差距逐步缩小

持续开展扫盲教育，提高成人识字率，为我国经济发展提供了人力资源的基础保障。依据 2012 年全国人口变动情况抽样调查统计数据[①]，2012 年，全国 15 岁及以上人口中成人识字率为 95.04%（成人文盲率为 4.96%）。其中，男性成人识字率为 97.33%（男性成人文盲率为 2.67%），女性成人识字率为 92.68%（女性成人文盲率为 7.32%）。

全国 31 个省区市成人识字率整体有所提升，2012 年与 2011 年相比，全国 15 岁及以上人口中成人识字率提高了 0.25 个百分点。其中，成人识字率提高幅度最大的是浙江，提高了 1.14 个百分点，其次是甘肃和宁夏，分别提高了 1.09 个百分点和 0.89 个百分点。2011—2012 年，湖北、江西、河北、福建、重庆等省区市成人识字率略有下降，而西藏、青海成人文盲率出现反弹。其中，西藏增加了 5.27 个百分点，青海增加了 1.64 个百分点。2012 年，全国有 18 个省区市成人识字率达到或超过全国平均值，有 13 个省区市低于全国平均值（见图 4-1 和表 4-1）。

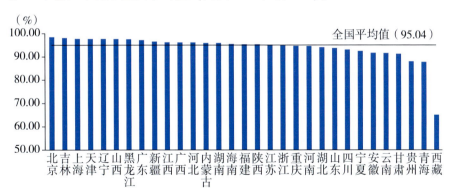

图 4-1　2012 年全国 31 个省区市成人识字率分布

【数据来源】中国统计年鉴 2013 [M]. 北京：中国统计出版社，2013.

---

① 抽样比为 0.831‰。数据来源：中国统计年鉴 2013 [M]. 北京：中国统计出版社，2013.

表 4-1　2011 年和 2012 年 31 个省区市成人识字率区间分布情况

2011 年			2012 年		
成人识字率（%）	省区市名称	与全国成人识字率（94.79%）相比	成人识字率（%）	省区市名称	与全国成人识字率（95.04%）相比
89.00 以下	西藏	全国平均值以下 12 个	87.00 以下	西藏	全国平均值以下 13 个
89.00—92.00	贵州、青海、甘肃、云南、安徽、宁夏		87.00—92.00	青海、贵州、甘肃、云南、安徽	
92.01—94.00	四川、山东、浙江、湖北、河南		92.01—95.00	宁夏、四川、山东、湖北、河南、重庆、浙江	
94.01—97.00	陕西、重庆、江苏、海南、福建、内蒙古、湖南、广西、江西、河北、新疆、广东	全国平均值以上 19 个	95.01—97.00	江苏、陕西、福建、海南、湖南、内蒙古、河北、广西、江西、新疆	全国平均值以上 18 个
97.00 以上	山西、黑龙江、天津、上海、辽宁、吉林、北京		97.00 以上	广东、黑龙江、山西、辽宁、天津、上海、吉林、北京	

【数据来源】中国统计年鉴 2012—2013［M］. 北京：中国统计出版社，2012—2013.

　　西部地区成人识字率的区域、城乡、民族间差距呈逐步缩小的趋势，但分布仍不均衡。2012 年，全国成人识字率为 95.04%。其中，新疆（96.58%）、广西（96.25%）、内蒙古（95.99%）三个少数民族自治区的成人识字率已超过全国平均水平；西藏最低，为 65.19%，与全国平均值相差 29.85 个百分点；青海为 87.76%，与全国平均值相差 7.28 个百分点，贵州为 88.03%，与全国平均值相差 7.01 个百分点（见表 4-2）。

表4-2 **2011年和2012年西部地区12个省区市成人识字率变化情况**

地　区	2011年		2012年		成人识字率增长（百分点）
	文盲率（%）	成人识字率（%）	文盲率（%）	成人识字率（%）	
内蒙古	4.37	95.63	4.01	95.99	0.36
广　西	4.07	95.93	3.75	96.25	0.32
重　庆	4.98	95.02	5.27	94.73	−0.29
四　川	7.21	92.79	6.85	93.15	0.36
贵　州	12.24	87.76	11.97	88.03	0.27
云　南	8.71	91.29	8.34	91.66	0.37
西　藏	29.54	70.46	34.81	65.19	−5.27
陕　西	5.19	94.81	4.62	95.38	0.57
甘　肃	9.77	90.23	8.68	91.32	1.09
青　海	10.60	89.40	12.24	87.76	−1.64
宁　夏	8.37	91.63	7.50	92.50	0.87
新　疆	3.58	96.42	3.42	96.58	0.16
全　国	5.21	94.79	4.96	95.04	0.25

【数据来源】中国统计年鉴2012—2013［M］.北京：中国统计出版社，2012—2013.

2. 人口文化素质渐进高移，东强西弱的格局未变

人口的受教育水平是一个国家人口素质的重要标志，也是反映教育发展状况的基本指标。我国人口平均受教育水平正在从初中水平向高中水平提升，人口的文化素质不断提升。

2011年，全国6岁及以上人口平均受教育年限为8.85年。在31个省区市中，6岁及以上人口受教育年限最长的是北京（11.55年），其次是上海（10.48年）和天津（10.40年），排位较低的是云南（7.69年）、贵州（7.59年）和西藏（5.51年）。

2012年，全国6岁及以上人口平均受教育年限为8.94年。在31个省区市中，6岁及以上人口中受教育年限最长的是北京（11.84年），其次是

上海（10.65年）和天津（10.51年）；排位较低的是贵州（7.63年）、青海（7.61年）和西藏（5.07年）（见图4-2）。

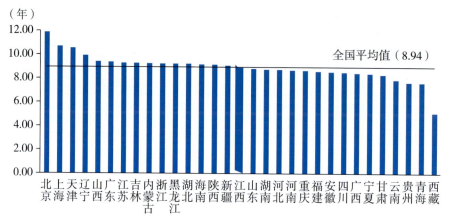

（年）

全国平均值（8.94）

北京 上海 天津 辽宁 山东 广东 江苏 吉林 内蒙古 浙江 黑龙江 湖北 海南 陕西 新疆 江西 山东 湖南 河北 河南 重庆 福建 安徽 四川 广西 宁夏 甘肃 云南 贵州 青海 西藏

图4-2　2012年31个省区市6岁及以上人口平均受教育年限比较

【数据来源】中国统计年鉴2013［M］.北京：中国统计出版社，2013.

我国具有大专及以上受教育程度人口数量保持增长态势。2010年，全国6岁及以上人口中具有大专及以上文化程度的占9.53%，具有高中（含中专）文化程度的占15.02%，具有初中及以下文化程度的占75.45%。2012年，全国6岁及以上人口中具有大专及以上文化程度的占10.59%，比2010年增长1.06个百分点；具有高中（含中专）文化程度的占16.12%，比2010年增长1.10个百分点；具有初中及以下文化程度的占73.29%，比2010年减少2.16个百分点（见图4-3）。

2012年，在31个省区市中，6岁及以上人口受高等教育和高中教育所占的比例差距明显。北京具有大专及以上学历者所占比例为37.35%，具有高中学历者所占比例为22.25%；上海具有大专及以上学历者占23.07%，具有高中学历者占21.26%；天津具有大专及以上学历者占22.85%，具有高中学历者占21.92%；排位靠后的广西6岁及以上人口中具有大专及以上学历者的比例为6.48%，具有高中学历者的比例为12.23%；河北具有大专及以上学历者占5.79%，具有高中学历者占14.43%；西藏具有大专及以上学历者仅占4.24%，具有高中学历者占5.10%（见表4-3）。

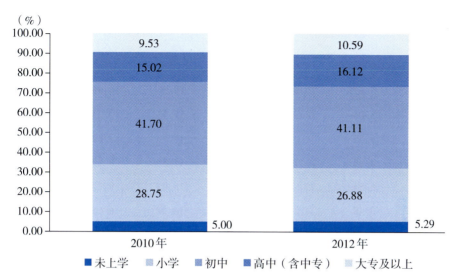

图 4-3　2010 年和 2012 年全国 6 岁及以上人口受教育程度分布

【数据来源】中国统计年鉴 2011—2013 [M]. 北京：中国统计出版社，2011—2013.

表 4-3　2012 年全国 31 个省区市 6 岁及以上人口受教育程度①占比情况

地区	未上学 （%）	小学 （%）	初中 （%）	高中 （%）	大专及以上 （%）	人均受教育 年限（年）
北京	1.65	9.89	28.86	22.25	37.35	11.84
天津	2.66	16.87	35.70	21.92	22.85	10.51
河北	4.27	24.82	50.70	14.43	5.79	8.71
山西	2.85	21.27	46.02	20.31	9.54	9.38
内蒙古	4.40	24.46	41.89	17.19	12.06	9.23
辽宁	2.58	20.06	44.32	14.55	18.50	9.90
吉林	2.20	24.50	45.67	18.67	8.97	9.25
黑龙江	2.85	24.42	46.24	16.38	10.11	9.21
上海	2.45	12.62	40.60	21.26	23.07	10.65
江苏	5.61	23.62	39.53	17.78	13.45	9.26

①　抽样比为 0.831‰。

续表

地区	未上学（%）	小学（%）	初中（%）	高中（%）	大专及以上（%）	人均受教育年限（年）
浙江	5.51	26.89	37.09	15.56	14.95	9.21
安徽	8.04	28.39	40.87	12.45	10.25	8.52
福建	5.55	31.91	38.94	15.78	7.82	8.56
江西	3.93	29.79	40.19	17.80	8.29	8.87
山东	6.54	25.81	42.60	15.29	9.77	8.78
河南	5.49	24.80	48.53	14.52	6.66	8.66
湖北	5.98	23.47	38.72	19.61	12.22	9.20
湖南	4.58	29.80	41.18	17.12	7.34	8.72
广东	3.01	23.01	43.34	20.87	9.76	9.35
广西	4.07	34.35	42.87	12.23	6.48	8.42
海南	4.61	22.41	45.50	17.23	10.25	9.15
重庆	5.38	34.12	35.68	14.84	9.97	8.64
四川	6.90	32.97	37.08	13.13	9.92	8.48
贵州	11.41	36.94	34.87	10.21	6.57	7.63
云南	8.36	41.31	31.35	12.22	6.77	7.85
西藏	34.31	42.92	13.38	5.10	4.25	5.07
陕西	5.34	23.19	41.98	18.82	10.68	9.14
甘肃	8.82	33.80	33.02	15.46	8.90	8.28
青海	14.48	36.54	28.14	11.26	9.58	7.61
宁夏	7.32	33.14	37.71	12.72	9.11	8.37
新疆	3.72	31.71	37.95	13.18	13.44	9.05
全国	5.29	26.88	41.11	16.12	10.59	8.94

【数据来源】中国统计年鉴 2013 [M]. 北京：中国统计出版社，2013.

从区域比较来看，京津沪地区 6 岁及以上人口拥有大专及以上学历的比例在全国处于领先地位，北京、上海、天津位列全国前三。东部地区辽宁（18.50%）、浙江（14.95%）、江苏（13.45%）三省高于全国平均值，海南、山东、广东、福建、河北低于全国平均值；中部地区仅有湖北（12.22%）超过全国平均值，安徽、黑龙江等7省低于全国平均值；西部地区除新疆（13.44%）和内蒙古（12.06%）外，其余10个省区市均低于全国平均值，云南（6.77%）、贵州（6.57%）、广西（6.48%）和西藏（4.25%）和全国平均值的差距比较明显（见图4-4）。

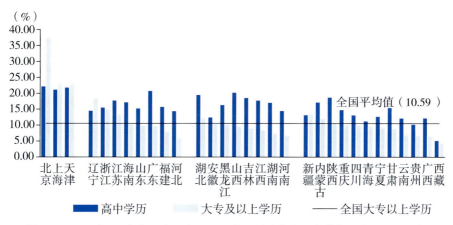

图4-4 2012年31个省区市6岁及以上人口受过高中和高等教育人口比重比较

【数据来源】中国统计年鉴2013［M］. 北京：中国统计出版社，2013.

3. 就业人员受高等教育比重扩大，京津沪优势明显

我国总体劳动力资源丰富，人力资源规模不断扩大，但劳动力素质水平发展不平衡，结构不合理，平均受教育年限偏低。

据《中国人口与就业统计年鉴2013》数据显示，2012年，全国就业人员中小学及以下文化程度者占21.00%，初中文化程度者占48.30%，高中文化程度者占17.10%，大专及以上文化程度者占13.68%。全国就业人员平均受教育年限为9.73年，比2008年的8.56年增加1.17年。在31个省区市中，有17个省区市超过全国平均水平，就业人员平均受教育年限数最高的是北京，为13.32年，其次是上海，为11.81年，第三位是天津，为11.30年；比例较低的有贵州、云南和西藏，分别为8.36年、8.28年和7.08年（见图4-5）。

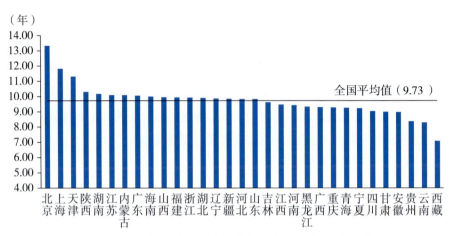

图 4-5　2012 年 31 个省区市就业人员平均受教育年限比较

【数据来源】中国人口与就业统计年鉴 2013 ［M］. 北京：中国统计出版社，2013.

　　2012 年，全国就业人员中受过高等教育（具有大专及以上学历）的占 13.68%，比 2008 年的 6.86% 增加了 6.82 个百分点；具有高中学历的占 17.10%，比 2008 年的 12.72% 增加了 4.38 个百分点（见图 4-6）。

图 4-6　2008—2012 年全国就业人员受教育程度构成变化

【数据来源】中国劳动统计年鉴 2009—2013 ［M］. 北京：中国统计出版社，2009—2014.

　　2012 年，全国就业人员以具有初中及以下受教育程度人员为主，占 69.30%，其中受过初中教育的占 48.30%，受过小学教育的占 19.00%，未上学或文盲半文盲约占 2.00%（见图 4-7）。

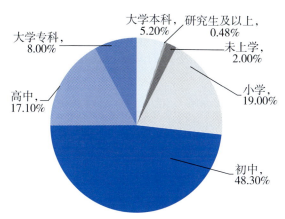

图 4-7　2012 年全国就业人员受教育程度人口分布

【数据来源】中国人口和就业统计年鉴 2013［M］.北京：中国统计出版社，2013.

　　从地区分析，2012 年，全国就业人员中平均 13.68% 的人拥有大专及以上文化程度。在 31 个省区市中，超过或达到全国平均值的有 15 个省区市，就业人员拥有大专及以上文化程度比例最高的 5 个省区市为：北京（53.59%），上海（33.69%），天津（27.77%），新疆（18.01%），浙江（17.70%）；低于全国平均值的有 16 个省区市，比重较低的 5 个省区为：河南（8.92%）、广西（8.88%）、云南（8.35%）、贵州（8.17%）、西藏（6.60%）。

　　从行业分析，2012 年，全国城镇就业人员拥有大专及以上文化程度比例平均值为 25.2%。全国有 11 个行业高于全国平均值，其中，教育行业比重最高，为 71.1%，社会保障行业为 66.0%，卫生和社会工作行业为 65.2%，科研技术服务行业为 62.2%，金融行业为 61.5%；超过全国平均值的还包括租赁商务、文化体育、电燃水生产供应、信息、房地产、水利环境公共管理等行业（见图 4-8）。低于全国平均值的有 9 个行业，农林牧渔业主要以低学历劳动者为主，拥有大专及以上学历者所占比例仅为 2.0%。但 2012 年与 2003 年比较，农林牧渔业小学及以下程度就业人员所占比例已迅速下降，大专学历人员所占比例逐年上升。2003 年农林牧渔业小学及以下文化程度就业人员占 53.1%，2012 年下降为 33.0%，下降了 20.1 个百分点。2003 年农林牧渔业大专及以上文化程度的就业人员占 0.2%，2012 年上升为 2.0%。这表明随着现代农业技术的运用和推广，农林牧渔业劳动对劳动者提出了更高的要求，农林牧渔业正在呈现劳动者素质提升的可喜趋势。

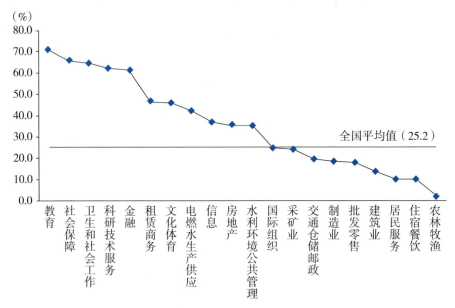

图 4-8　2012 年不同行业就业人员受教育程度结构比较

【数据来源】中国人口和就业统计年鉴 2013［M］. 北京：中国统计出版社，2013.

（二）关注公平普惠，扩大各类人群参与度

继续教育的普及程度和社会成员的参与程度是衡量一个地区继续教育发展水平的主要指标。众所周知，社会成员所拥有的知识技能和受教育程度在很大程度上决定了其经济地位和发展潜能，积极发展继续教育，为更多的社会成员，特别是弱势群体提供多元、便捷、公平的教育机会和服务，缩小贫富、城乡和地区之间的差距，有助于弥补社会成员所受教育的欠缺，实现教育的公平，并通过教育公平，为人们提供更多均等的发展机会，促进社会的和谐进步。本节主要从学历继续教育参与率、成人培训参

与率、职工全员培训率三个方面进行比较分析，力图发现目标与现实的差距，获得改革创新的动力。

1. 学历继续教育参与率增长平缓

从全国整体分析，学历继续教育的机会普遍增多，但成人参加学历继续教育的数量增长平缓，且发展不均衡。根据第六次全国人口普查主要数据显示，全国 15 岁及以上人口约为 11.12 亿[①]，2012 年，参加成人大中专学历继续教育的在校生规模达 1407.80 万人，占 15 岁及以上人口总数的 1.27%。其中，成人本专科在校生 1153.52 万人，占成人大中专学历在校生的 81.94%，成人中专在校生 254.28 万人，占 18.06%。与 2010 年相比，参加成人大中专学历继续教育的在校生增加了 206.22 万人，占 15 岁及以上人口总数的比率增加了 0.19 个百分点。

在 31 个省区市中，北京 15 岁及以上人口参加成人大中专学历继续教育比例最高，为 24.07%，其次是广西，为 1.82%，第三位是上海，为 1.63%，第四位是福建，为 1.36%，全国只有 4 个省区市超过全国平均水平。

从学历继续教育层次分析，北京 15 岁及以上人口中成人本专科在校生为 429.93 万人，占成人大中专学历继续教育在校生总数的 98.50%，成人中专在校生为 6.49 万人，占 1.50%；参加成人大中专学历继续教育者中中专学历继续教育者占比最大的为广西，占 69.71%（见图 4-9）。

2012 年，全国成人本专科在校生规模为 583.11 万人。其中，普通高校成人本专科在校生规模为 539.28 万人，占全国成人本专科在校生总规模的 92.48%；成人高校有成人本专科在校生 43.83 万人，占全国成人本专科在校生总规模的 7.52%。有 68 所普通高校开展现代远程教育试点，网络本专科在校生规模达 570.41 万人，北京网络本专科在校生人数最多，共计 397.81 万人，占网络本专科在校生总数的 69.74%。

在 31 个省区中，广东成人本专科在校生人数最多，为 48.91 万人，山东为 42.82 万人，江苏为 39 万人，四川为 33.03 万人（见表 4-4）。

[①]　采用 2010 年第六次全国人口普查主要数据。

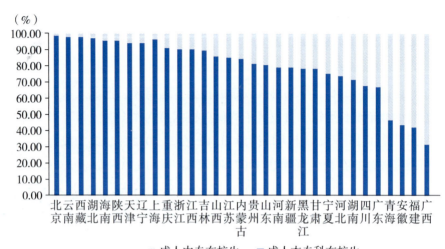

（%）

图例：
成人中专在校生 ■ 成人本专科在校生

图4-9　2012年31个省区市成人本专科及成人中专在校生比例比较

【数据来源】中国教育统计年鉴 2012 ［M］. 北京：人民教育出版社，2013.

表4-4　2012年31个省区市成人本专科在校生规模比较

成人本专科在校生数（万人）	省份个数	省份名称
40 以上	2	广东、山东
31—40	2	江苏、四川
21—30	6	河南、河北、湖北、北京、浙江、湖南
11—20	12	辽宁、广西、陕西、安徽、云南、上海、山西、黑龙江、吉林、江西、重庆、福建
1—10	9	内蒙古、甘肃、贵州、天津、新疆、宁夏、海南、青海、西藏

【数据来源】中国教育统计年鉴 2012 ［M］. 北京：人民教育出版社，2013.

2012 年，全国普通中专和成人中专在校生规模为 1066.84 万人。其中，普通中专在校生 812.56 万人，占 76.17%；成人中专在校生 254.27 万人，占 23.83%。在 31 个省区中，广西成人中专在校生人数最多，为 45.82 万人，其次是广东（29.12 万人）、四川（26.47 万人）、安徽（25.31 万人）和福建（24.97 万人）；除此之外，成人中专在校生规模超过 10 万人的有山东（13.52 万人）、湖南（11.97 万人）和河北（10.51 万人）（见图 4-10）。

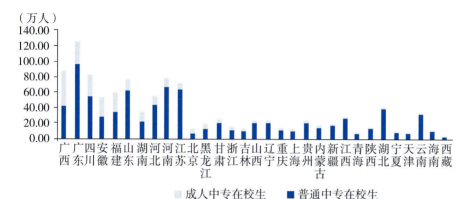

图 4-10　2012 年 31 个省区市普通中专和成人中专在校生规模比较

【数据来源】中国教育统计年鉴 2012 [M]. 北京：人民教育出版社，2013.

在 31 个省区市中，广西成人中专在校生占普通中专和成人中专在校生总数的比例最高，达 53.13%，其次为北京，占 51.99%，安徽，占 48.08%，福建，占 42.83%；成人中专在校生占普通中专和成人中专总数的比例未达 3% 的有西藏（1.30%）、海南（1.17%）、云南（1.15%）（见图 4-11）。

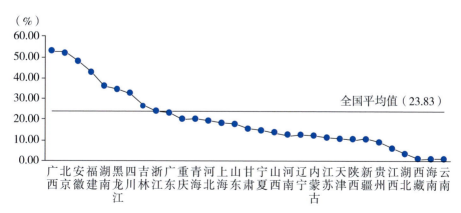

图 4-11　2012 年 31 个省区市成人中专在校生占普通和成人中专在校生总数的比例情况

【数据来源】中国教育统计年鉴 2012 [M]. 北京：人民教育出版社，2013.

2. 成人教育培训参与率起伏波动

2010年，全国接受各级各类成人非学历继续教育（包括成人高等非学历继续教育和成人中等职业技术培训）的注册生达5257.89万人，占15岁及以上人口总数的4.73%。2011年，成人培训蓬勃发展，注册生规模不断扩大，参加成人非学历继续教育培训的注册生规模增至5338.12万人，占15岁及以上人口总数的4.80%。2012年，参加成人非学历继续教育培训的注册生数量有所下降，为4962.19万人，占15岁及以上人口总数的4.46%，比上年下降0.34个百分点。

在31个省区市中，北京15岁及以上人口参加成人非学历继续教育培训的比例最高，为17.12%，但比上年略有下降；上海为11.30%，比上年提高了2.32个百分点；云南为10.93%；天津为10.80%（见图4-12）。

■ 2011年占15岁及以上人口比例　　■ 2012年占15岁及以上人口比例

图4-12　2011年和2012年31个省区市成人参加非学历继续教育培训所占比例比较

【数据来源】中国教育统计年鉴2011—2012［M］.北京：人民教育出版社，2012—2013.

2012年，全国普通高校和成人高校有成人培训注册生约394.84万人，比2010年的332.89万人增加61.95万人，增长18.61%。在高等教育成人培训注册生中，接受进修与培训的注册生约343.95万人，比2010年的263.69万人增加80.26万人，增长30.44%。

2012年，全国15岁及以上人口中参加高等教育成人培训的注册生约

394.84 万人，占 15 岁及以上人口总数的 0.36%。其中，上海 15 岁及以上人口参加高等教育成人培训的比例最高，为 2.97%，其次是北京，为 2.93%。其余各省区市均在 1% 以下，黑龙江最低，仅为 0.05%。

2012 年，全国中等成人培训注册生约 4567.35 万人，比 2010 年的 4925.00 万人，减少了 357.65 万人。其中，职业技术培训注册生 292.50 万人，占中等成人培训生总数的 6.40%；农村成人学校培训注册生 3176.08 万人，占 69.54%；其他培训机构培训注册生 1098.77 万人，占 24.06%。其中，江苏培训注册生规模最大，为 614.61 万人，超过 300 万人规模的有云南（393.21 万人），河南（307.17 万人）和浙江（304.79 万人）。

2012 年，全国 15 岁及以上人口参加中等成人培训的注册生占 15 岁及以上人口总数的 4.11%。31 个省区市中有 14 个省区市达到或超过全国平均值，有 17 个省区市在全国平均值以下。北京参加中等教育成人培训的比例最高，为 14.19%，其次是云南（10.79%）、天津（10.25%）；所占比例不足 1% 的省区为湖北（0.80%）、宁夏（0.77%）、湖南（0.77%）、海南（0.65%）、安徽（0.52%）、江西（0.45%），西藏暂无数据（见图 4-13）。

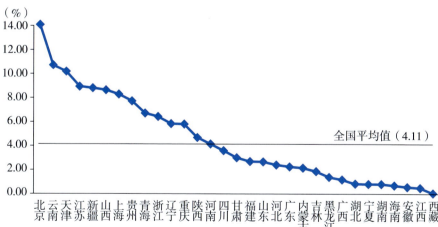

图 4-13　**2012 年 31 个省区市中等教育成人培训注册生占 15 岁及以上人口比例情况**

【数据来源】中国教育统计年鉴 2012 [M]．北京：人民教育出版社，2013.

3. 职工全员培训率持续稳增长

据教育部职业教育与成人教育司《2012 年全国职工教育培训统计（汇总）表及分析报告》有关调查显示，2012 年参与调查统计的 29 个省区市和新疆生产建设兵团的职工约有 4634.28 万人，参加学历继续教育和各类培训的共计 2675.87 万人，其中，参加各级各类学历继续教育职工有 351.43 万人，参加各类培训的约为 2324.44 万人。2012 年职工全员培训参与率为 57.74%，与 2008 年职工全员培训参与率 54.29% 相比，提高了 3.45 个百分点（见图 4-14）。29 个省区市和新疆生产建设兵团中有 19 个省区市（包括新疆生产建设兵团）职工全员培训参与率达到和超过全国平均值，有 11 个省区市的参与率在全国平均值以下。

图 4-14 **2008—2012 年 29 个省区市和新疆生产建设兵团职工培训参与率变化**

【数据来源】教育部 .2008—2012 年全国职工教育培训统计（汇总）表及分析报告［R］. 2009—2013.

2012 年，职工参加学历继续教育的在校生人数为 351.43 万人，占职工总数的 7.58%。其中，研究生在校生规模为 10.97 万人，占参加学历继续教育总数的 3.12%；本专科在校生规模为 173.32 万人，占 49.32%；参加中等职业教育的在校生规模为 167.14 万人，占 47.56%。

在参加调查统计的省份中，职工参加学历继续教育在校生人数最多的是浙江，为 62.90 万人，其中，参加成人本专科学习的为 27.29 万人；其次是安徽，为 52.51 万人，其中，参加成人本专科学习的为 25.35 万人；再次是河北，为 33.39 万人，其中，参加成人本专科学习的为 20.63 万人；参加学历继续教育在校生人数较少的是河南，为 7805 人，青海则只有 4217 人（见表 4-5）。

表 4-5　**2012 年 29 个省区市和新疆生产建设兵团成人本专科教育在校生情况**

职工参加本专科教育在校生人数（万人）	省区市个数（包括新疆生产建设兵团）（个）	省区市名称（包括新疆生产建设兵团）
>20	3	浙江、安徽、河北
>10—20	3	甘肃、广东、重庆
>8—10	2	山西、江苏
>6—8	1	湖南
>4—6	3	山东、四川、黑龙江
>2—4	4	内蒙古、陕西、海南、新疆
>1—2	3	江西、新疆生产建设兵团、北京
<1	11	辽宁、上海、广西、吉林、宁夏、天津、贵州、西藏、福建、河南、青海

【数据来源】教育部. 2012 年全国职工教育培训统计（汇总）表及分析报告 [R]. 2013.

2012 年，职工参加中等职业教育的约 167.14 万人，占职工总数的 3.61%，占职工参加学历继续教育总数的 47.56%。在参加调查统计的省区市中，职工参加中等职业教育在校生人数最多的是浙江，为 34.59 万人，其次是安徽，为 25.42 万人，再次是广东，为 21.19 万人；职工参加中等职业教育人数较少的是宁夏（2581 人）和青海（853 人）（见表 4-6）。

表 4-6　**2012 年 29 个省和新疆生产建设兵团区职工中等职业教育在校生情况**

职工参加中等职业教育在校生人数（万人）	省区市个数（包括新疆生产建设兵团）（个）	省区市名称（包括新疆生产建设兵团）
>20	3	浙江、安徽、广东
>10—20	2	山西、河北
>8—10	1	江苏
>6—8	3	黑龙江、重庆、山东
>4—6	2	湖南、四川
>2—4	6	甘肃、陕西、吉林、海南、江西、内蒙古
>1—2	3	新疆生产建设兵团、广西、新疆
<1	10	福建、辽宁、北京、贵州、河南、西藏、上海、天津、宁夏、青海

【数据来源】教育部. 2012 年全国职工教育培训统计（汇总）表及分析报告［R］. 2013.

2012 年，职工参加各类培训约 4851.39 万人次，比 2010 年的 4807.60 万人次增加 43.79 万人次，增长 0.91%。其中，管理人员参加各类培训约 631.12 万人次，占职工参加各类培训总人次的 13.01%；专业技术人员参加各类培训约 1023.73 万人次，占职工参加各类培训总人次的 21.10%；工人参加各类培训约 3196.55 万人次，占职工参加各类培训总人次的 65.89%。在参加调查统计的 29 个省区市中，山东工人参培人次比例最高，达 80.37%；北京排第二，为 75.02%；江苏排第三，为 74.64%；工人参培人次比较低的是内蒙古，为 22.98%。专业技术人员参加各类培训人次比例最高的是海南，为 43.30%；其次是四川，为 37.58%；专业技术人员参加各类培训人次比例较低的山东（12.82%）和北京（12.34%）（见图 4-15）。管理人员参加各类培训人次比例最高的是内蒙古，为 62.42%；其次是湖南，为 21.53%；再次是上海，为 18.45%；管理人员参培比例较低的为青海（7.10%）、江西（6.86%）和山东（6.80%）（见图 4-15）。

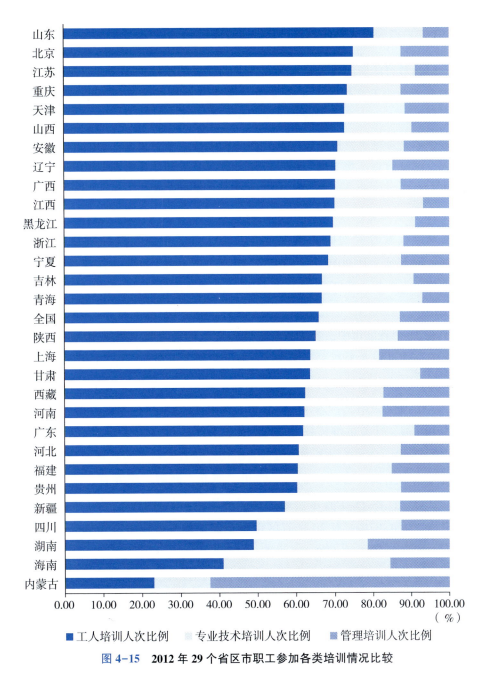

图 4-15　2012 年 29 个省区市职工参加各类培训情况比较

【数据来源】教育部．2012 年全国职工教育培训统计（汇总）表及分析报告［R］．2013.

（三）资源投入整体不足，基础建设滞后

继续教育的资源投入是加快发展继续教育的基础性要素，也是提高继续教育质量的重要保障。实践证明，继续教育是面向全体社会成员的教育，需要社会各方面的支持和投入。多渠道筹措继续教育经费，不断增加事业投入，是继续教育可持续发展的必要条件。本节主要从继续教育经费投入、继续教育经费支出、职工教育经费以及教师队伍数量结构等多个方面进行分析，以期寻找发展的瓶颈和解决问题的突破口。

1. 各类经费投入均有不同程度的增长

从继续教育经费收入情况分析，2011 年，全国教育经费总收入为 23869.29 亿元，比 2010 年的 19271.10 亿元增长 23.86%。各级各类继续教育机构经费收入总额为 230.38 亿元，占全国教育经费总收入的 0.97%，比 2010 年的 208.03 亿元增加 22.35 亿元，增长 10.74%。

在 31 个省区市中，各级各类继续教育机构经费收入超过 10 亿元的省市共有 9 个，依次为浙江、江苏、上海、四川、山东、广东、河南、北京、河北等，其中，浙江位居第一，为 18.83 亿元，江苏位居第二，为 18.23 亿元，上海位居第三，为 17.85 亿元；未达到亿元的省区有海南、青海、西藏和宁夏，宁夏的继续教育机构经费收入仅为 1093 万多元。

2011 年，全国各级各类继续教育机构经费收入占全国教育经费总收入的 0.97%。上海、吉林、浙江、四川、河北、新疆、黑龙江、重庆、河南、江苏、江西 11 个省区市超过全国平均值，上海最高，为 1.94%，吉林其次，为 1.87%；有 20 个省区市在全国平均水平以下，较低的是青海（0.16%）和宁夏（0.08%）（见图 4-16）。

从继续教育财政性经费收入情况分析，2011 年，国家财政性教育经费总量达 18586.70 亿元，比 2010 年的 14379.41 亿元增加了 4207.29 亿元，增长 29.26%。各级继续教育机构国家财政性经费约 144.23 亿元，比 2010 年的 120.45 亿元增加了 23.78 亿元，增长 19.74%。

全国各级各类继续教育机构国家财政性教育经费占国家财政性教育经费的 0.78%。在 31 个省区市中，吉林、上海、浙江、四川、河北、黑龙江、

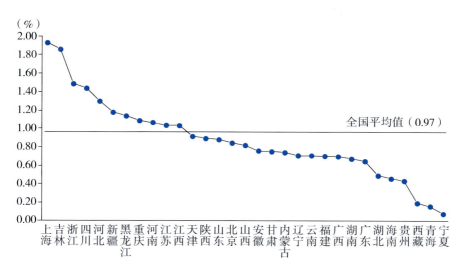

图 4-16　2011 年 31 个省区市继续教育经费收入占其教育经费总收入的比例

【数据来源】中国教育经费统计年鉴 2011［M］. 北京：中国统计出版社，2012.

重庆、江苏、新疆、江西、河南、天津等 12 个省区市继续教育国家财政性教育经费占其国家财政性教育经费的比例达到或超过全国平均值，吉林最高，为 1.90%，上海其次，为 1.63%；比例相对较低的是青海（0.09%）和宁夏（0.08%）（见图 4-17 和表 4-7）。

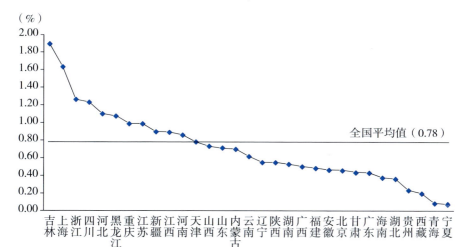

图 4-17　2011 年 31 个省区市继续教育国家财政性经费占其国家财政性教育经费的比例

【数据来源】中国教育经费统计年鉴 2011［M］. 北京：中国统计出版社，2012.

表 4-7　**2011 年 31 个省区市继续教育国家财政性教育经费占**
其国家财政性教育经费的比例

继续教育国家财政性教育经费所占比例（%）	省区市个数（个）	省区市名称
1.50 以上	2	吉林、上海
1.00—1.50	4	浙江、四川、河北、黑龙江
0.50—0.99	14	重庆、江苏、新疆、江西、河南、天津、山西、山东、内蒙古、云南、辽宁、陕西、湖南、广西
0.10—0.49	11	福建、安徽、北京、甘肃、广东、海南、湖北、贵州、西藏、青海、宁夏

【数据来源】中国教育经费统计年鉴 2011 ［M］. 北京：中国统计出版社，2012.

从成人教育事业性收入情况分析，2011 年，全国教育事业总收入为 4424.69 亿元，比 2010 年的 4106.06 亿元增加了 318.63 亿元，增长 7.76%。成人教育事业收入为 76.28 亿元，比 2010 年的 76.54 亿元减少 0.26 亿元，下降了 0.34%。

2011 年，全国成人教育事业收入占全国教育事业总收入的 1.72%。在 31 个省区市中，共有 13 个省区市超过全国平均值，成人教育事业收入占教育事业收入比例最高的是新疆，为 4.79%，其次是北京，为 2.61%，第三位是甘肃，为 2.52%（见图 4-18）。

与 2010 年相比，2011 年在 31 个省区市中，青海、新疆、海南、云南、内蒙古、甘肃、河北、吉林、宁夏、江苏等 10 个省区市成人教育事业收入所占比例有所增加，其余各省区市成人教育事业收入所占比例普遍下降（见图 4-19）。成人教育事业收入所占比例下降最大的为北京，下降 0.52 个百分点，其次是安徽，下降 0.50 个百分点。

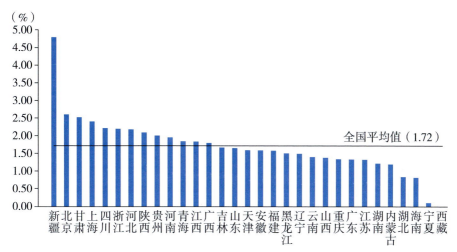

图 4-18　2011 年 31 个省区市成人教育事业收入占其教育事业总收入的比例变化

【数据来源】中国教育经费统计年鉴 2011 [M]. 北京：中国统计出版社，2012.

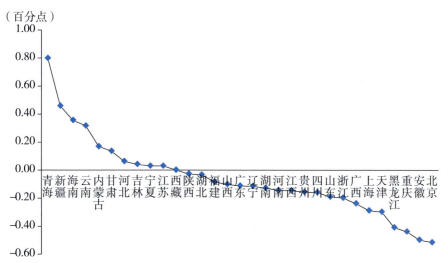

图 4-19　2011 年 31 个省区市成人教育事业收入占教育事业收入的比例变化

【数据来源】中国教育经费统计年鉴 2011 [M]. 北京：中国统计出版社，2012.

2. 经费支出省际差异明显

2011 年，全国各级各类教育经费总支出约 23085.78 亿元，各级各类继续教育支出为 223.73 亿元，占全国教育经费总支出的 0.97%。其中，成人高校教育经费支出 133.79 亿元，约占继续教育经费支出的 59.80%；成人中专教育经费支出 79.37 亿元，约占继续教育经费支出的 35.48%；成人中学教育经费支出 10.23 亿元，约占继续教育经费支出的 4.57%；成人小学教育经费支出 0.34 亿元，约占继续教育经费支出的 0.15%。

在 31 个省区市中，继续教育经费支出占教育经费总支出比例最高的是上海，占 2.06%，其次是吉林，占 1.96%，第三位的是浙江，占 1.53%；所占比例较低的为宁夏，仅占 0.10%；超过全国平均值的省区市有 10 个，依次为上海、吉林、浙江、四川、河北、新疆、黑龙江、河南、江苏、重庆（见表 4-8）。

表 4-8　2010 年 31 个省区市成人教育经费支出占教育经费总支出比例

成人教育经费支出占比区间（%）	省区市个数（个）	省区市名称
2.00 以上	1	上海
1.51—2.00	2	吉林、浙江
1.01—1.50	7	四川、河北、新疆、黑龙江、河南、江苏、重庆
0.51—1.00	16	天津、陕西、山东、江西、山西、安徽、北京、内蒙古、云南、辽宁、广西、广东、湖南、甘肃、福建、湖北
0.10—0.50	5	贵州、海南、西藏、青海、宁夏

【数据来源】中国教育经费统计年鉴 2011［M］. 北京：中国统计出版社，2012.

2011 年与 2010 年比较，各级各类继续教育经费支出总体保持增长，增幅最大的是宁夏和贵州，分别增长了 74.96% 和 56.33%；江苏从 12.20 亿元增加到 18.16 亿元，增加 5.96 亿元，增长 48.85%；浙江增加 2.79 亿元，增长 17.67%。黑龙江、广东、北京、西藏 4 个省区市各级各类继续教育经费支出出现下滑，北京下降了 6.00%，西藏下降了 12.37%（见图 4-20）。

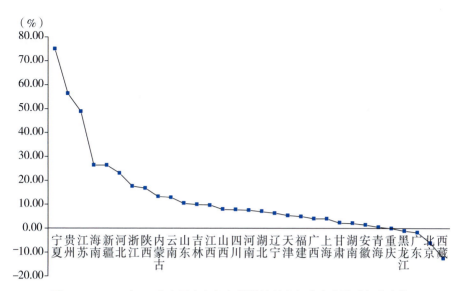

图 4-20 **2011 年 31 个省区市各级各类继续教育经费支出增减幅度变化**

【数据来源】中国教育经费统计年鉴 2011 [M]. 北京：中国统计出版社，2012.

3. 职工教育经费缺口较大

《中华人民共和国职业教育法》规定：一般企业按职工工资总额的 1.5% 足额提取职工教育经费，对从业人员技术素质要求高、培训任务重、经济效益较好的企业可按职工工资总额的 2.5% 提取，列入成本开支。

《2012 年全国职工教育培训统计（汇总）表及分析报告》[①] 显示，2012 年职工教育经费总投入为 179.06 亿元，比 2011 年的 158.37 亿元增加 20.69 亿元，增长 13.06%。其中学历继续教育经费投入约 34.49 亿元，占职工教育经费总投入的 19.26%；各类培训经费投入 107.64 亿元，占职工教育经费总投入的 60.12%；其他投入 36.92 亿元，占职工教育经费总投入的 20.62%。

2008—2012 年，全国职工教育经费投入稳增中略有波动。其中，2010 年比 2009 年增加 39.91 亿元，增长 31.28%；2011 年比 2010 年减少 5.44%，2012 年再度回升，比 2011 年增长 13.06%（见图 4-21）。

---

① 根据《2012 年全国职工教育统计（汇总）表及分析报告》数据，全国抽样包括 29 个省区市和新疆生产建设兵团，职工样本为 4634.28 万人。

图 4-21 2008—2012 年全国职工教育经费投入变化

【数据来源】2012 年全国职工教育培训统计（汇总）表及分析报告。

按相关规定全国职工教育经费应至少占职工工资总额的 1.50%。2012 年有 13 个省区市职工教育经费达到职工工资总额 1.50%的规定，它们是山东、西藏、江西、重庆、新疆、福建、浙江、湖南、陕西、海南、安徽、四川、山西；16 个省区市和新疆生产建设兵团均未达到 1.50%，其中，有 5 个省区市未达到 1.00%，分别是贵州、黑龙江、吉林、北京和广西（见图 4-22）。

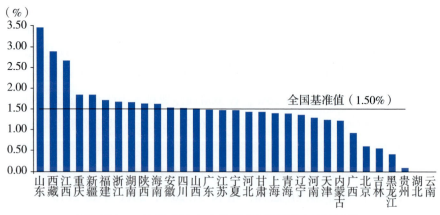

图 4-22 2012 年全国 29 个省区市和新疆生产建设兵团
职工教育经费占职工工资总额比例

【数据来源】2012 年全国职工教育统计（汇总）表及分析报告。

4. 教师队伍数量与结构差距拉大

2012 年，全国成人高校共 348 所，比 2010 年减少 19 所；成人中专共 1564 所，比 2010 年减少 156 所；职业技术培训学校（机构）12.38 万所，比 2010 年减少 5681 所。随着各级各类继续教育机构的调整，各级各类继续教育教职工队伍也在发生变化。全国成人高校有教职工约 6.56 万人，比 2010 年的 7.71 万人减少 1.15 万人；其中，成人高校专任教师约 3.94 万人，比 2010 年减少 0.65 万人。全国成人中专有教职工 7.75 万人，比 2010 年的 8.53 万人减少 0.78 万人；其中，有专任教师 5.42 万人，比 2010 年减少 0.28 万人。全国职业技术培训学校（机构）有教职工 50.66 万人，比 2010 年的 47.31 万人增加 3.35 万人；其中专任教师约 28.22 万人，比 2010 年增加 3.99 万人。

2012 年，全国成人高校专任教师中具有研究生学历的有 9093 人，占成人高校专任教师的 23.08%，本科学历的有 28257 人，占 71.72%，专科及以下学历的 2043 人，占 5.19%。在 31 个省区市中，有 12 个省区市成人高校专任教师具有研究生学历的比例高于全国平均水平。北京成人高校专任教师具有研究生学历的比例最高，为 49.84%；其次是江苏，为 43.25%；广西排列第三，为 40.47%；宁夏、新疆和西藏暂无相关数据（见图 4-23）。

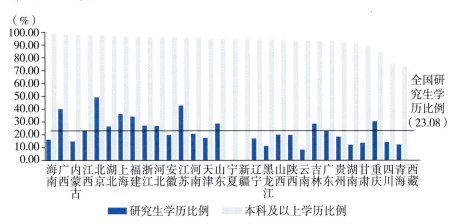

图 4-23　2012 年 31 个省区市成人高校专任教师本科及以上学历结构比例情况

【数据来源】中国统计年鉴 2013 ［M］. 北京：中国统计出版社，2013.

2012年，全国成人高校专任教师具有高级职称的有13505人，占成人高校专任教师的34.28%；具有中级职称的有16536人，占41.98%；具有初级职称的有7810人，占19.83%；无职称的有1542人，占3.91%。在31个省区市中，宁夏专任教师具有高级职称的比例最高，为57.35%；海南最低，为21.92%（见表4-9）。

表4-9　**2012年31个省区市成人高校专任教师有高级专业技术职称所占比例区间**

成人高校专任教师高级职称占比区间（%）	个数（个）	省区市名称	与全国平均值（34.28%）比较
50.00以上	1	宁夏	全国平均值以上的16个
40.01—50.00	6	黑龙江、天津、内蒙古、辽宁、江苏、江西	
34.20—40.00	9	吉林、山西、北京、广西、福建、湖北、河北、湖南、山东	
20.00—34.19	14	浙江、甘肃、重庆、河南、贵州、安徽、青海、新疆、四川、陕西、上海、云南、广东、海南	全国平均值以下的15个
无	1	西藏	

【数据来源】中国教育统计年鉴2012［M］. 北京：人民教育出版社，2013.

2012年，全国成人中专专任教师具有本科及以上学历的约42820人，占全国成人中专专任教师总数的78.99%。在31个省区市中，成人中专专任教师具有本科及以上学历的占成人中专专任教师总数比例最高的是北京，为92.11%，其次是浙江，为89.92%，紧接着是上海，为89.39%；比例较低的是陕西，为51.09%；福建、广西、西藏数据缺失。

2012年，全国成人中专专任教师具有高级职称的约15300人，占全国成人中专专任教师总数的28.23%。在31个省区市中，成人中专专任教师具有高级职称的占成人中专专任教师总数比例最高的是江西，为49.77%，其次是内蒙古，为46.27%，再次是海南，为45.33%；比例较低的是山西，为11.92%，以及陕西，为11.24%；福建、广西、西藏数据缺失。

二、31个省区市继续教育综合发展水平评价

本报告在参考以往教育发展评价指标、继续教育发展评价指标等的基础上，基于2012年报告的研究成果，调整并验证了衡量我国各省区市继续教育综合发展水平的指标体系，并对2012年我国各省区市的继续教育综合发展水平进行测量、比较和分析。

（一）继续教育综合发展水平的测量

在关于继续教育的现有研究中，围绕我国继续教育发展现状、整体水平及其评价、测量、区域比较等问题开展的专门研究尚不多见。不过在已有文献中，仍有一些关于教育发展水平的研究可供借鉴。通常衡量和评价某一地区继续教育发展水平的指标会包括当地继续教育的存量、机会、资源、贡献、制度等多个方面，从而反映继续教育的发展现状、发展潜力、保障条件以及教育效果。但在具体研究中，这些维度往往因为数据可获得性的限制而不能全部涉及。在闵维方主编的《中国教育与人力资源发展报告2005—2006》中，研究者参考联合国开发计划署人类发展指数（HDI）构建了教育发展指数（EDI），但实际上只使用了教育存量指数、教育增量指数、教育投入指数和教育贡献指数4个一级指数对我国31个省区市的教育发展程度进行了测算和排序。王善迈和袁连生在《中国地区教育发展报告》中，采用教育机会、教育公平、教育质量和教育投入4个维度构建了中国地区教育发展指标体系并进行了分析。在综合参考以往教育发展指标的基础上，结合我国当前继续教育的发展趋势和发展任务，本报告对我国继续教育综合发展水平进行了评价体系设计、测量和区域比较。

在指标设计上，人力资源存量维度包含3个指标，即人均受教育年限、成人识字率和就业人口受高等教育的比例；继续教育机会维度包含4个指

标，即 15 岁以上人口参加成人高校和成人中专教育的比例、15 岁以上人口参加非学历培训的比例、15 岁以上人口参加各种职业技术培训（注册生）的比例、职工教育全员培训率；继续教育资源维度包含 7 个指标，即成人教育经费收入占教育总收入的比例、成人教育预算内教育事业费占总事业费的比例、成人教育事业收入占事业总收入的比例、成人教育经费支出占经费总支出的比例、成人教育事业支出占事业总支出的比例、成人高校研究生学历专任教师占专任教师的比例、成人中专专任教师本科及以上学历占专任教师的比例（见表 4-10）。

表 4-10　继续教育综合发展水平的维度及指标

维度	测量指标
人力资源存量	X1 人均受教育年限； X2 成人识字率； X3 就业人口受高等教育的比例
继续教育机会	X4 15 岁以上人口参加成人高校和成人中专教育的比例； X5 15 岁以上人口参加非学历培训的比例； X6 15 岁以上人口参加各种职业技术培训（注册生）的比例； X7 职工教育全员培训率
继续教育资源	X8 成人教育经费收入占教育总收入的比例； X9 成人教育预算内教育事业费占总事业费的比例； X10 成人教育事业收入占事业总收入的比例； X11 成人教育经费支出占经费总支出的比例； X12 成人教育事业支出占事业总支出的比例； X13 成人高校研究生学历专任教师占专任教师的比例； X14 成人中专专任教师本科及以上学历占专任教师的比例

　　本报告根据上述指标体系，采用 PLS 结构方程模型[①]对全国 31 个省区市继续教育综合发展水平进行计算，所使用的我国 31 个省区市继续教育综合发展水平结构方程模型如图 4-24 所示。此处以省区市为单位，对全国

---

　　① 由于通常使用的协方差结构方程模型要求样本量不能低于 200，因此在这项研究中采用 PLS（Partial Least Squares，PLS）结构方程模型进行计算。

各地的继续教育发展状况进行横向比较，同时以全国平均值作为一个单独的个案，故样本量为 32。

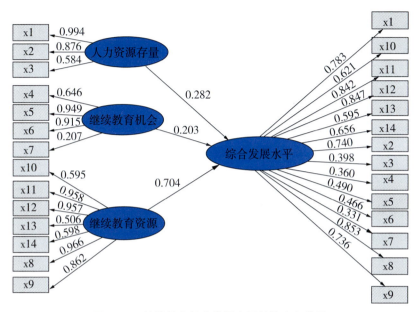

图 4-24 继续教育综合发展水平结构方程模型

PLS 结构方程模型是一种建构预测性结构模型的统计方法，采用在抽样技术中的 Bootstrap 方法获得统计量的样本分布，并进行参数估计和显著性检验。为了克服样本量小的问题并保证参数估计的稳健性，一般将 Bootstrap 样本数设定为 500 或 1000 以上，在本研究中设定为 1000。这种 PLS 结构方程模型已经在各类综合发展评价研究中取得了良好的应用效果。[①] 数据分析采用 SPSS 19.0 和 SmartPLS 2.0 进行处理。本研究中的 3 个维度为潜变量，须通过作为观测变量的测量指标来反映。经检验，所有观测变量均可以通过检验。

对 PLS 结构方程模型中 3 个维度的指标进行唯一维度检验，结果显示每个维度的第一主成分特征值均大于 1，第二主成分特征值均小于 1，也就

---

① 王惠文，付凌晖．PLS 路径模型在建立综合评价指数中的应用 [J]．系统工程理论与实践，2004（10）：80-85.

是说均通过了该项检验。使用 SmartPLS 2.0 软件中的 PLS 程序进行迭代运算，得到模型质量结果，如表 4-11 所示。除了综合发展水平的平均变异萃取量（0.420）和公因子方差（0.420）略低于要求（0.5）之外，其余各维度的各项检验结果均达到了模型质量要求。此外，综合水平对于这 3 个潜变量的多元回归方程测定系数是 1.00（原值），说明综合水平对相应的 3 个维度的概括程度较高。

表 4-11　继续教育综合发展水平结构方程模型质量结果

维度	平均变异萃取量	合成信度	测定系数	内部一致性系数	公因子方差	交叉验证冗余度
	>0.5	>0.6	>0.3	>0.6	>0.5	>0
综合发展水平	0.420	0.904	1.000	0.883	0.420	0.352
人力资源存量	0.699	0.870	—	0.770	0.699	0.297
继续教育机会	0.549	0.804	—	0.619	0.549	0.248
继续教育资源	0.640	0.921	—	0.892	0.640	0.513

本研究所使用的数据来源于《中国统计年鉴 2013》《中国人口和就业统计年鉴 2013》《中国劳动统计年鉴 2013》《中国教育统计年鉴 2013》《2012 年全国职工教育培训统计（汇总）表及分析报告》《中国教育经费统计年鉴 2012》。[1]

（二）31 个省区市继续教育综合发展水平比较

本报告对我国 31 个省区市继续教育综合发展水平进行整体评价，并从继续教育发展与经济发展的关系考察各省区市继续教育发展现状是否超前、同步或滞后于经济发展水平。

---

[1]　中国统计年鉴 2013 [M].北京：中国统计出版社，2013；中国人口和就业统计年鉴 2013 [M].北京：中国统计出版社，2013；中国劳动统计年鉴 2013 [M].北京：中国统计出版社，2014；中国教育统计年鉴 2012 [M].北京：人民教育出版社，2013；教育部.2012 年全国职工教育培训统计（汇总）表及分析报告 [R].2013；中国教育经费统计年鉴 2012 [M].北京：中国统计出版社，2013.

1. 沪京吉新发展速度在全国居首, 中西部省份发展速度加快

根据全国各省区市在继续教育综合发展水平模型中的潜变量得分①（见表4-12），全国31个省区市中进入第一方阵的有上海、北京、吉林和新疆，其继续教育综合发展水平得分高于全国其他省区市，处于领先的地位。进入第二方阵的省区市有浙江、江苏、天津、河北、四川、重庆、河南、陕西、黑龙江和山西，其继续教育综合发展水平得分在全国处于中上水平。进入第三方阵的省区市有江西、山东、辽宁、广西、内蒙古、广东、福建、云南、湖南、安徽、甘肃、湖北、贵州、海南、青海、宁夏和西藏，这些省区市的继续教育综合发展水平得分较低，特别是青海、宁夏和西藏，在连续两年的评价中其继续教育综合发展水平均排在全国最后3位并且得分低于-1，也就是说这些省区市的继续教育综合发展水平与全国其他地区相比仍存在较大的差距。

表4-12　2012年全国各省区市继续教育综合发展水平排序及方阵划分

第一方阵 （得分>1）		第二方阵 （0≤得分≤1）		第三方阵 （得分<0）	
1	上海 （2.304）	5	浙江 （0.970）	15 江西 （-0.047）	25 甘肃 （-0.632）
2	北京 （1.781）	6	江苏 （0.755）	16 山东 （-0.064）	26 湖北 （-0.652）
3	吉林 （1.456）	7	天津 （0.649）	17 辽宁 （-0.064）	27 贵州 （-0.795）
4	新疆 （1.008）	8	河北 （0.615）	18 广西 （-0.220）	28 海南 （-0.848）
		9	四川 （0.509）	19 内蒙古 （-0.235）	29 青海 （-1.194）
		10	重庆 （0.412）	20 广东 （-0.311）	30 宁夏 （-1.751）
		11	河南 （0.279）	21 福建 （-0.358）	31 西藏 （-3.082）
		12	陕西 （0.212）	22 云南 （-0.460）	
		13	黑龙江 （0.197）	23 湖南 （-0.517）	

① 通过模型获得的全国各省区市的继续教育综合发展水平得分已转化为标准分数（均值为0，标准差为1），按照该得分将全国31个省区市按照继续教育综合发展水平分为三个方阵，规定若某省区得分>1为第一方阵；若0≤得分≤1为第二方阵；若得分<0为第三方阵，下同。

续表

第一方阵 （得分>1）	第二方阵 （0≤得分≤1）	第三方阵 （得分<0）	
	14 山西 （0.171）	24 安徽 （−0.527）	
全国继续教育综合发展平均水平①得分为 0.438			

从图 4-25 可以看到，第一方阵的 4 个省区市以及第二方阵浙江、江苏、天津、河北和四川 5 个省区市，其继续教育综合发展水平高于全国平均水平；而第二方阵中的重庆、河南、陕西、黑龙江和山西以及第三方阵中 17 个省区市的继续教育综合发展状况均低于全国平均水平。

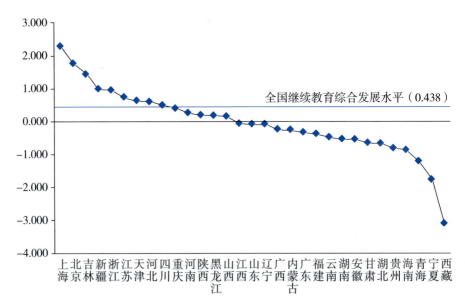

图 4-25 2012 年各省区市继续教育综合发展水平

与 2010 年的综合评价结果相比（见表 4-13），2012 年全国 24 个省区

---

① 全国继续教育综合发展平均水平是将"全国平均"作为一个个案并使用各项评价指标对应的全国平均值，将其带入结构方程模型计算而来的，而非各省区市继续教育综合发展水平得分的算术平均值。下文中继续教育发展水平 3 个子维度的全国平均水平得分也是如此，在必要时也简称为相应维度的全国平均水平。

市的继续教育综合发展水平排名位置发生了变化，仅有7个省区市排名位置保持不变。总体上看，各省区市继续教育综合发展水平得分排名位置前后变化在1—6名之内，其中，有8个省区市排名位置变化大于2个位次。

表4-13　2010—2012年各省区市继续教育综合发展水平排名及变化情况

省区市	2012年	2010年	排名变化	所在区域	省区市	2012年	2010年	排名变化	所在区域
江苏	6	12	↑6	东部	宁夏	30	30	→	西部
广西	18	23	↑5	西部	吉林	3	3	→	中部
云南	22	26	↑4	西部	辽宁	17	16	↓1	东部
河北	8	11	↑3	东部	海南	28	27	↓1	东部
新疆	4	6	↑2	西部	四川	9	8	↓1	西部
江西	15	17	↑2	中部	甘肃	25	24	↓1	西部
福建	21	22	↑1	东部	河南	11	10	↓1	中部
贵州	27	28	↑1	西部	湖北	26	25	↓1	中部
陕西	12	13	↑1	西部	山东	16	14	↓2	东部
山西	14	15	↑1	中部	广东	20	18	↓2	东部
内蒙古	19	20	↑1	西部	湖南	23	21	↓2	中部
浙江	5	5	→	东部	天津	7	4	↓3	京津沪
北京	2	2	→	京津沪	重庆	10	7	↓3	西部
上海	1	1	→	京津沪	黑龙江	13	9	↓4	中部
西藏	31	31	→	西部	安徽	24	19	↓5	中部
青海	29	29	→	西部					

在排名位置提高的11个省区市中，有3个位于东部地区，2个位于中部地区，6个位于西部地区。其中排名提高超过2位的省区市有江苏、广西、云南和河北。在排名位置下降的13个省区市中，有4个位于东部地区，5个位于中部地区，3个位于西部地区，1个位于京津沪地区，其中排名下降超过2位的省区市有安徽、黑龙江、重庆和天津。

2. 三分之一省区市继续教育发展水平与经济发展水平基本适应

从全国各省区市继续教育综合发展水平和各省区市人均GDP（国内生产总

值) 的关系来看, 上海、北京、天津、江苏、浙江、吉林的人均 GDP 和当地继续教育综合发展水平都高于全国平均水平, 呈现出良好的发展势头; 内蒙古、辽宁、广东、福建、山东虽然人均 GDP 高于全国平均水平, 但是其继续教育综合发展水平接近或略低于全国平均水平; 河北、新疆、四川等省区市的人均 GDP 虽然低于全国平均水平, 但其继续教育综合发展水平接近于或高于全国平均水平; 重庆的人均 GDP 和继续教育综合发展水平均处于全国平均水平; 而陕西、黑龙江、山西、河南、江西、广西、湖南、湖北、海南、安徽、云南、甘肃、贵州、青海、宁夏、西藏的人均 GDP 接近或低于全国平均水平, 并且其继续教育综合发展水平也低于全国平均水平 (见图 4-26)。

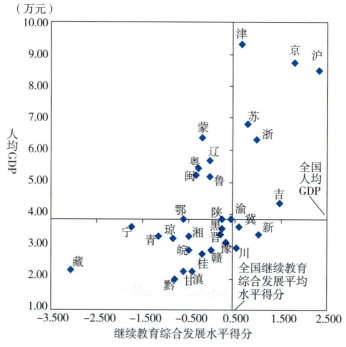

图 4-26　2012 年各省区市继续教育综合发展水平和人均 GDP 的关系

对比全国 31 个省区市继续教育综合发展水平排名以及人均 GDP 排名的情况, 可以得到各省区市继续教育发展水平与经济发展水平的等级差异 (等级差异=继续教育综合发展水平排名-人均 GDP 排名), 以此评价各省区市继续教育与经济发展的适应程度。本报告将各省区市继续教育综合发展水平与经济发展水平的协调程度分为三个层次：若等级差异<-4，则表明其继续教育综合发展水平超前于经济发展；若-4≤等级差异≤4，则表明其继续教育综合发展水平与经济发展水平基本协调；若等级差异>4，则表明其继续教育综合发展水平滞后于经济发展水平（见表4-14）。

表4-14　2012年全国各省区市继续教育综合发展水平与人均GDP排名比较

省区市	继续教育综合发展水平排名	人均GDP排名	等级差异	继续教育与经济发展协调程度
四川	9	24	-15	继续教育综合发展水平超前于经济发展水平
新疆	4	18	-14	
河南	11	23	-12	
江西	15	25	-10	
广西	18	27	-9	
吉林	3	11	-8	
河北	8	15	-7	
云南	22	29	-7	
山西	14	19	-5	
甘肃	25	30	-5	
黑龙江	13	17	-4	继续教育综合发展水平与经济发展水平基本协调
贵州	27	31	-4	
上海	1	3	-2	
重庆	10	12	-2	
陕西	12	14	-2	
安徽	24	26	-2	
浙江	5	6	-1	
北京	2	2	0	
江苏	6	4	2	
湖南	23	20	3	
西藏	31	28	3	

省区市	继续教育综合发展水平排名	人均GDP排名	等级差异	继续教育与经济发展协调程度
天津	7	1	6	
山东	16	10	6	
海南	28	22	6	
青海	29	21	8	
辽宁	17	7	10	继续教育综合发展水平滞后于经济发展水平
广东	20	8	12	
福建	21	9	12	
湖北	26	13	13	
内蒙古	19	5	14	
宁夏	30	16	14	

经比较（见表4-14），全国有11个省区市继续教育综合发展水平与其经济发展水平基本协调，即湖南、西藏、江苏、北京、浙江、上海、重庆、陕西、安徽、黑龙江和贵州。与上一年的情况相比，黑龙江、重庆、安徽、江苏的继续教育综合发展水平由超前或滞后于当地经济发展水平，变为与当地经济发展水平基本协调。

继续教育综合发展水平超前于经济发展水平的有10个省区市，即四川、新疆、河南、江西、广西、吉林、云南、河北、甘肃和山西。与上一年的情况相比，广西、河北、云南、山西的继续教育综合发展水平由与当地经济发展水平基本协调变为超前于当地经济发展水平。

继续教育综合发展水平滞后于经济发展水平的有10个省区市，包括内蒙古、宁夏、湖北、广东、福建、辽宁、青海、天津、山东和海南。与上一年的情况相比，天津和海南的继续教育综合发展水平由与当地经济发展水平基本协调变为滞后于当地经济发展水平。

值得注意的是，尽管甘肃、贵州、西藏等省区市继续教育综合发展水平超前于或基本适应于其经济发展水平，但由于这些省区市地方经济发展水平本来在全国排名就相对靠后，在一定程度上制约了当地继续教育事业的发展，因此这些省区市继续教育综合发展水平在全国的实际排名也是比较靠后的。

(三) 继续教育发展的区域特征及差异分析

为了考察我国继续教育发展水平的区域差异，按照地理特征和行政区划，本节报告将我国 31 个省区市划分为京津沪地区（含 3 个省区市）、东部地区（含 8 个省区市）、中部地区（含 8 个省区市）和西部地区（含 11 个省区市）4 个区域，同时以区域内部各省份得分的中位数作为该区域在相应维度上的分数。

从继续教育综合发展水平来看（见图 4-27），4 个区域的继续教育发展状况呈现出不同的特征。京津沪地区在全国遥遥领先，东部地区和中部地区的继续教育综合发展水平居中且水平相近，而西部地区的发展水平则相对较低。从继续教育发展的三个子维度来看，在人力资源存量上京津沪

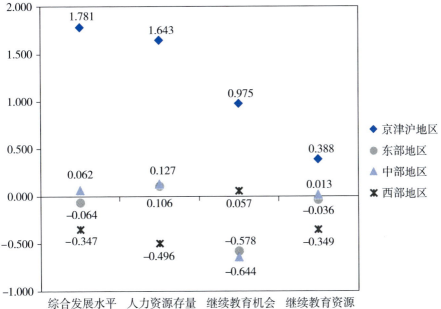

图 4-27　2012 年不同区域继续教育发展的分项得分比较

地区最大，东部地区和中部地区次之，西部地区最小；在继续教育机会上，京津沪地区遥遥领先，西部地区居中，而东部地区和中部地区最低并且水平相近；在继续教育资源上，京津沪地区最为充足，随后依次是中部地区和东部地区，最后是西部地区。

1. 京津沪地区：继续教育发展在全国领先

我国京津沪地区包括 3 个直辖市，均进入了全国继续教育综合发展水平前 10 名（见表 4-15），该地区继续教育的整体发展水平在全国范围内居于领先地位，为当地人力资源的提升以及经济社会的快速发展提供了有力支撑。

京津沪地区在继续教育发展 3 个维度上都具有较强的实力，具有人力资源存量大、继续教育机会多并且继续教育资源充足的特点。具体而言，在人力资源存量上，京津沪 3 省区市居全国前 3 名；在继续教育机会上，北京位居第 1，上海位居第 4，天津位居全国第 6；在继续教育资源上，上海在全国位居第 1，而北京和天津分列第 9 和第 15，相对于前一年的评价，排名均略有下降。总体来看，上海在京津沪地区继续教育发展水平最高、优势最为全面；北京和天津在人力资源和继续教育机会上优势十分明显，但在继续教育资源上则相对略显不足。

表 4-15 2012 年京津沪地区继续教育综合发展及分项排名

地区	综合发展水平	继续教育发展的 3 个维度		
		人力资源存量	继续教育机会	继续教育资源
北京	2	1	1	9
天津	7	3	6	15
上海	1	2	4	1
进入全国前十的省区市数（个）	3	3	3	2

2. 东部地区：浙苏冀在区域内领先，整体继续教育机会略显不足

东部地区包括河北、辽宁、江苏、浙江、福建、山东、广东和海南共 8 个省区市。浙江、江苏和河北 3 个省区市的继续教育综合发展水平跻身

全国前 10 名，相比于上一年仅有浙江省进入全国前 10 名的情况，有明显进步。辽宁、山东和广东均位居全国继续教育综合发展水平第 11 至 20 名之间，而福建和海南排在全国第 21 至 31 名之间（见表 4-16）。东部地区继续教育综合发展水平在全国名列前茅、居于中间以及排名落后的省区市数量都相差无几，呈现出多样化的发展势态。

总体上讲，东部地区继续教育发展具有人力资源存量较大、继续教育资源丰富的特点，但相比之下其继续教育机会略显不足。具体而言，在人力资源存量上，辽宁和广东进入了全国前 10 名；在继续教育机会上，仅江苏进入了全国前 10 名；在继续教育资源上，河北、江苏和浙江进入了全国前 10 名（见表 4-16）。在东部地区中，河北、江苏和浙江的继续教育发展水平相对其他省区市更高，而福建和海南的继续教育发展水平则相对较低。和上一年相比，东部的省区市在继续教育综合发展水平的整体实力上有所提升，但是在继续教育机会上略有下降。

表 4-16　2012 年东部地区继续教育综合发展及分项排名

地区	综合发展水平	继续教育发展的 3 个维度		
		人力资源存量	继续教育机会	继续教育资源
河北	8	17	17	4
辽宁	17	4	12	23
江苏	6	11	2	7
浙江	5	18	11	3
福建	21	12	29	18
山东	16	22	24	13
广东	20	5	20	22
海南	28	16	26	28
进入全国前十的省区市数（个）	3	2	1	3

3. 中部地区：吉林在区域内领先，整体发展特征与东部地区相似

中部地区包括吉林、黑龙江、山西、安徽、江西、河南、湖北和湖南共 8 个省区市。其中，只有吉林的继续教育综合发展水平跻身全国前 10

名，河南、山西、江西和黑龙江位居第11—20名，而安徽、湖北和湖南的继续教育综合发展水平则位列全国21—31名（见表4-17）。中部地区的省区市在继续教育综合发展水平上整体处于全国中间或偏后的排名区段上，处于全国领先地位的省区市很少。

总体来看，中部地区继续教育发展水平和东部地区的特点类似，人力资源存量适中、继续教育资源充足，但继续教育机会略显不足。具体而言，在人力资源存量上，山西、吉林和黑龙江进入了全国排名前1—10名；在继续教育机会上，山西和河南进入了全国排名前1—10名；而在继续教育资源上，吉林和河南进入了全国排名前1—10名（见表4-17）。在中部地区，吉林和河南的继续教育发展水平相对其他省区市更高，而湖南、湖北及安徽的继续教育发展水平则相对较低。和上一年相比，中部地区的继续教育发展状况基本保持稳定。

表4-17　2012年中部地区继续教育综合发展及分项排名

地区	综合发展水平	继续教育发展的3个维度		
		人力资源存量	继续教育机会	继续教育资源
山西	14	9	5	17
吉林	3	7	16	2
黑龙江	13	10	18	11
安徽	24	26	21	19
江西	15	20	28	12
河南	11	23	10	10
湖北	26	15	27	26
湖南	23	14	22	25
进入全国前十的省区市数（个）	1	3	2	2

4. 西部地区：继续教育机会丰富，但存量和资源相对不足

西部地区包括内蒙古、广西、重庆、四川、贵州、云南、西藏、陕西、甘肃、青海、宁夏和新疆共12个省区市。其中，重庆、四川和新疆的继续教育综合发展水平跻身全国前10名，陕西、内蒙古和广西位居全国第

11—20名，而其余6个省区市继续教育综合发展水平均位列全国21—31名（见表4-18）。西部地区半数以上的省区市继续教育综合发展水平都排名相对靠后，同时也有少数省区市跻身全国前列。

总体来看，西部地区继续教育发展具有继续教育机会较多的特点，但人力资源存量和继续教育资源不足仍然是持续制约该地区继续教育发展的因素。具体而言，在人力资源存量上，新疆和内蒙古进入了全国前10名；在继续教育机会上，贵州、青海、新疆和云南进入了全国前10名；而在继续教育资源上，重庆、四川和新疆进入了全国前10名（见表4-18）。在西部地区，新疆、四川、重庆和陕西的继续教育发展水平相对其他省区市更高，而其余各省区市的继续教育发展水平均相对较低，特别是甘肃、贵州、青海、宁夏和西藏。和上一年相比，西部省区市的继续教育发展在人力资源存量和继续教育机会上均有所提升。

表4-18　**2012年西部地区继续教育综合发展及分项排名**

地区	综合发展水平	继续教育发展的3个维度		
		人力资源存量	继续教育机会	继续教育资源
内蒙古	19	8	19	20
广西	18	21	25	16
重庆	10	19	14	8
四川	9	25	15	5
贵州	27	30	7	27
西藏	31	31	30	31
陕西	12	13	13	14
甘肃	25	27	23	21
青海	29	28	9	29
宁夏	30	24	31	30
新疆	4	6	3	6
云南	22	29	8	24
进入全国前十的省区市数（个）	3	2	4	3

第五章

继续教育国际比较

　　在知识经济和全球化的影响下，经济、科技、文化的内涵日益复杂，更新速度越来越快，这不仅对人才培养的规格和质量提出了新的目标，而且对继续教育的组织和开展提出了更高的要求。为应对这种变化，世界各国都大力发展继续教育，并取得了较好的成效，形成了别具特色的经验和做法。尤其是在后金融危机时代，世界各国越来越重视发展成人教育和继续教育，并将其作为提高国民素质和综合国力的一项重要对策，作为国家可持续发展的重要动力。正如联合国教科文组织大会主席在第六届国际成人教育大会上指出的，对成人教育的投入会带来诸多收益，不仅仅因为成人教育为贫民和弱势群体提供了获取长期被剥夺的公共利益的机会，还因为投资成人教育有助于社会内部稳定、经济健康运行和民主的发展。

　　中国在《教育规划纲要》中指出要"构建灵活开放的终身教育体系"，并用专门章节论述继续教育，提出"形成全民学习、终身学习的学习型社会"的发展目标。为早日实现这一目标，有必要对世界各国继续教育的发展情况进行分析比较，吸收借鉴，取长补短。

一、继续教育相关指标的国际比较

（一）中国持续扫盲，提前实现全民教育

　　教育是一种基本人权，教育是最大限度发挥个人潜力、扩大自由、建设能力和开放机会的途径。消除文盲现象对于社会和经济的发展进步起着

基础性的作用。从世界范围来看，成年文盲人数自 1990 年以来减少了 12%。2000 年，在塞内加尔世界教育论坛上设定的扫盲目标重申了 1990 年在泰国宗滴恩做出的承诺——到 2015 年减少一半文盲。但自 2000 年以来，全球成人识字率基本上没有改善。2011 年，全球文盲数量依然居高不下，为 7.74 亿，与 2000 年相比仅减少了 1%。其中，72% 的文盲人口（约占到全球成人文盲总数的四分之三）集中在 10 个国家，这些国家的文盲人口达 5.57 亿，近三分之二的成年文盲是女性。想要实现发展中国家的贫困青年妇女的普遍脱盲还有漫长的路要走。

1. 中国成人扫盲教育领先其他发展中人口大国

2000 年以后，中国政府不断加强教育优先发展的战略地位，推进全民教育向纵深发展。全国实施"两基"攻坚计划，加大了对占全国人口 15% 左右、未实现"两基"任务的地区的支持，启动了一系列学校基础设施建设工程、学生资助政策和教师提升计划。从 2000 年中国向全世界宣布基本扫除青壮年文盲，到 2010 年全面实现普及九年义务教育和扫除青壮年文盲的"两基"战略目标，文盲人口大幅下降，女性文盲率下降更为明显。据第六次全国人口普查显示，从 2000 年到 2010 年，中国 15 岁及以上成人中文盲人口从 8699.21 万人降至 5419.09 万人，共减少了 3280.12 万人，成人文盲率下降了 4.2 个百分点。从《全民教育全球监测报告 2013/4——教学与学习：实现高质量全民教育》可以看出，在全球 10 个人口大国中，2005—2011 年，中国成人文盲总量下降幅度最大（见图 5-1）。另据 2012 年全国人口变动情况抽样调查统计数据显示，2012 年，中国文盲人口占 15 岁及以上人口的比重为 4.96%，其中，男性成人文盲率为 2.67%，女性成人文盲率为 7.32%。

2. 在金砖国家中中国成人文盲率下降幅度较快

高文盲率是困扰金砖国家发展的主要问题之一，印度是文盲人口最多的国家，成人文盲达 2.87 亿，占全球成人文盲的 37%。中国成人文盲绝对人数排在世界第二。从 2005 到 2012 年间，在金砖国家中，成人文盲率普遍有所下降。其中，中国成人文盲下降幅度较大。2005 年，印度成人文盲率为 27.75%，南非成人文盲率为 24.90%，巴西成人文盲率为 11.10%，

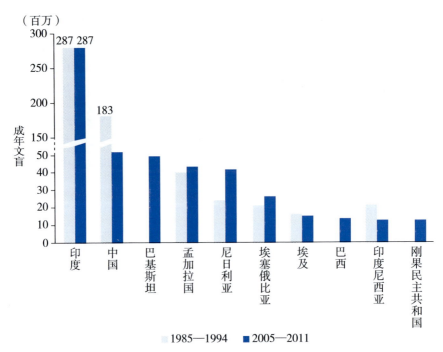

（百万）

成年文盲

■1985—1994　■2005—2011

图 5-1　1985—1994 年和 2005—2011 年成人文盲最多的 10 个国家的成人文盲人数变化情况

【数据来源】联合国教育科学及文化组织. 全民教育全球监测报告 2013/4：教学与学习：实现高质量全民教育［M］. 北京：教育科学出版社，2014.

中国成人文盲率为 11.04%。到 2012 年，印度成人文盲率下降至 22%，南非下降至 18.2%（2011 年数据），巴西下降至 8.7%，中国下降至 4.96%。由此可见，在金砖国家中，南非成人文盲率降幅最大，下降了 6.7 个百分点，中国成人扫盲教育成效也很突出，成人文盲率下降了 6.08 个百分点（见图 5-2）。

3. 中国 15 岁及以上人口成人识字率远高于世界平均水平

识字是终身学习的一种基本能力，是基础教育的核心，是个人、社会、经济和政治力量发展的前提条件，是人们应对不断演变的挑战以及生活、文化、经济和社会复杂性的一项核心手段。因此，世界各国，尤其是发展中国家都把提高识字率作为优先发展的目标。

2010 年，全球 15 岁及以上人口成人识字率为 84.07%，高收入国家 15 岁及以上人口成人识字率为 98.28%，中等收入国家 15 岁及以上人口成人识字率为 83.14%，而低收入国家 15 岁及以上人口成人识字率仅为 63.19%。

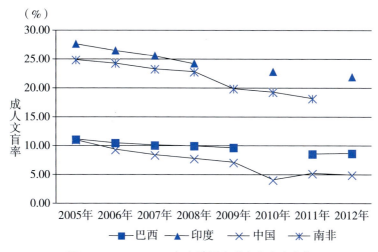

图 5-2　**2005—2012 年金砖国家成人文盲率变化**

【数据来源】1. 中国统计年鉴 2006—2013［M］. 北京：中国统计出版社，2006—2013.

2. 金砖国家联合统计手册 2014. http：//www. stats. gov. cn/ztjc/ztfx/jz2014/.

注：俄罗斯 2002 年文盲率普查数据为 0.55。中国和巴西成人文盲率为 15 岁及以上人口的文盲率。印度成人文盲率为 7 岁及以上人口的文盲率。南非成人文盲率指年满 20 岁但还没有完成小学教育的人（相当于 7 年级教育）的文盲率。

中国随着九年制义务教育的普及，15 岁及以上人口成人识字率得到明显提高。数据显示，2010 年，中国 15 岁及以上人口成人识字率达到 93.99%，比世界平均水平高 9.92 个百分点。其中，女性识字率增长幅度较大，从 2000 年的 86.53% 提高到 2010 年的 90.94%，2010 年超过同期世界平均水平 11.23 个百分点（见表 5-1）。

表 5-1　**部分国家 15 岁及以上成人识字率变化情况**

（单位:%）

国家和地区	总计		男性		女性	
	2000 年	2010 年	2000 年	2010 年	2000 年	2010 年
世界	81.84	84.07	86.89	88.63	76.88	79.71
高收入国家	98.12	98.28	98.56	98.68	97.71	97.92
中等收入国家	80.40	83.18	86.34	88.55	74.46	78.04
低收入国家	57.50	63.19	65.99	70.07	49.43	56.45

国家和地区	总计		男性		女性	
	2000 年	2010 年	2000 年	2010 年	2000 年	2010 年
中国	90.92	93.99①	95.14	96.89①	86.53	90.94①
孟加拉国		55.90①		60.70①		51.03①
文莱		95.29①		96.82①		93.67①
柬埔寨	67.33②	77.59③	79.48②	85.08③	56.99②	70.86③
印度		66.02④		76.88④		54.48④
印度尼西亚		92.19③		95.38③		89.10③
伊朗		85.02③		89.28③		80.66③
老挝	69.58		81.36		58.46	
马来西亚	88.69	92.46①	91.97	94.58①	85.35	90.29①
蒙古	97.77	97.49①	98.02	97.06①	97.53	97.90①
缅甸	89.89	92.03①	93.86	94.73①	86.37	89.51①
巴基斯坦	42.70②	55.53③	55.30②	68.87③	29.04②	40.08③
菲律宾	92.60	95.42③	92.55	95.01③	92.66	95.83③
新加坡	92.55	94.71①	96.57	97.46①	88.65	91.95①
斯里兰卡		90.56③		92.24③		89.07③
泰国	92.65	94.15④	94.90	95.88④	90.52	92.56④
尼日利亚		60.82①		71.96①		49.81①
墨西哥	90.54	93.44①	92.56	94.92①	88.68	92.12①
阿根廷		97.73①		97.71①		97.75①
巴西	86.37	90.04③	86.23	89.84③	86.50	90.22③
委内瑞拉		95.16④		95.38④		94.93④
意大利		98.87①		99.16①		98.60①
俄罗斯		99.56①		99.71①		99.43①
土耳其		90.82①		96.38①		85.35①
乌克兰		99.69①		99.79①		99.61①

注：①2009 年数据；②1998 年数据；③2008 年数据；④2007 年数据。

【数据来源】国际统计年鉴 2013 ［M］. 北京：中国统计出版社，2013.

据《全民教育全球监测报告 2013/4：教学与学习：实现高质量全民教育》显示，2000 年，在有数据可查的 87 个国家中，18 个国家的成人识字率超过 97%，7 个国家接近这个数字，2000—2011 年实现目标的国家数增长至 23 个，8 个国家接近目标，预计 2015 年将有 25 个国家实现目标，11 个国家接近目标（见图 5-3 和表 5-2）。

图 5-3　2000 年、2011 年、2015 年部分国家/地区成人识字率变化情况

【数据来源】联合国教育科学及文化组织. 全民教育全球监测报告 2013/4：教学与学习：实现高质量全民教育 [M]. 北京：教育科学出版社，2014：74-75.

表 5-2　预测 2015 年全球各国/地区成人识字率达标情况

预计到 2015 年达到的水平	实现或接近目标（大于或等于95%） （58 个）	阿尔巴尼亚、阿根廷、亚美尼亚、阿鲁巴、阿塞拜疆、巴林、白俄罗斯、波斯尼亚和黑塞哥维那、文莱、保加利亚、智利、中国、哥斯达黎加、克罗地亚、古巴、塞浦路斯、朝鲜、赤道几内亚、爱沙尼亚、格鲁吉亚、希腊、意大利、哈萨克斯坦、科威特、吉尔吉斯斯坦、拉脱维亚、立陶宛、中国澳门、马尔代夫、蒙古、黑山、荷属安的列斯群岛、巴勒斯坦、巴拿马、巴拉圭、菲律宾、葡萄牙、卡塔尔、摩尔多瓦、罗马尼亚、俄罗斯、萨摩亚、塞尔维亚、新加坡、斯洛文尼亚、西班牙、苏里南、塔吉克斯坦、泰国、马其顿、汤加、特立尼达和多巴哥、土耳其、土库曼斯坦、乌克兰、乌拉圭、乌兹别克斯坦、委内瑞拉（玻利瓦尔共和国）

续表

	不及目标 （80%—94%） （37个）	多民族玻利维亚国、布隆迪、洪都拉斯、伊朗、马来西亚、墨西哥、缅甸、沙特阿拉伯、斯威士兰、越南	阿尔及利亚、巴西、多米尼加、厄瓜多尔、毛里求斯、纳米比亚、尼加拉瓜、斯里兰卡、叙利亚	博茨瓦纳、佛得角、哥伦比亚、萨尔瓦多、加蓬、圭亚那、印度尼西亚、牙买加、约旦、黎巴嫩、利比亚、马耳他、阿曼、秘鲁、南非、突尼斯、阿联酋、津巴布韦
预计到2015年达到的水平	远不及目标 （小于80%） （48个）	厄立特里亚、加纳、东帝汶	安哥拉、孟加拉、贝宁、喀麦隆、中非、乍得、科摩罗、科特迪瓦、刚果（布）、冈比亚、危地马拉、几内亚比绍、印度、伊拉克、肯尼亚、老挝、莱索托、马达加斯加、毛里塔尼亚、尼泊尔、尼日尔、巴布亚新几内亚、卢旺达、圣多美和普林西比、塞内加尔、多哥、乌干达、坦桑尼亚联合共和国、赞比亚	不丹、布基纳法索、柬埔寨、埃及、埃塞俄比亚、几内亚、海地、利比里亚、马拉维、马里、摩洛哥、莫桑比克、尼日利亚、巴基斯坦、塞拉利昂、也门
		进展较快 （13个）	进展较慢或有所退步 （38个）	无趋势数据 （34个）
		2000—2011年的变化		

由于数据不全未能列入的国家或地区 （62个）	阿富汗、安道尔、安圭拉岛、安提瓜和巴布达、澳大利亚、奥地利、巴哈马、巴巴多斯、比利时、伯利兹、百慕大、英属维尔京群岛、加拿大、开曼群岛、刚果、库克群岛、捷克、丹麦、吉布提、多米尼克、斐济、芬兰、法国、德国、格林纳达、匈牙利、冰岛、爱尔兰、以色列、日本、基里巴斯、卢森堡、马绍尔群岛、密克罗尼西亚（联邦）、摩纳哥、蒙特塞拉特、瑙鲁、荷兰、新西兰、纽埃、挪威、帕劳、波兰、韩国、圣基茨和尼维斯、圣卢西亚、圣文森特和格林纳丁斯、圣马力诺、塞舌尔、斯洛伐克、所罗门群岛、索马里、南苏丹、苏丹、瑞典、瑞士、托克劳、特克斯和凯科斯群岛、图瓦卢、英国、美国、瓦努阿图

【数据来源】联合国教育科学及文化组织. 全民教育全球监测报告 2013/4：教学与学习：实现高质量全民教育 [M].北京：教育科学出版社，2014：75.

（二）中国继续教育具有发展空间

1. 中国 25—64 岁年龄段接受高等教育比例发展潜力巨大

2011 年，OECD（经济合作与发展组织）各国 25—64 岁人口中受过高等教育的人口比例平均值为 32%，比 2009 年提高了 2 个百分点。其中，加拿大25—64 岁人口中受过高等教育的比例最高，达到 51%；其次为日本、以色列，均达到 46%。中国 2011 年的比例为 10%，低于 OECD 国家平均值 22 个百分点（见表 5-3）。《教育规划纲要》提出，到 2015 年，我国新增劳动力平均受教育年限从 12.4 年提高到 13.0 年；主要劳动年龄人口平均受教育年限从 9.5 年提高到 10.5 年，其中，接受高等教育的比例达到 15%，具有高等教育文化程度的人数比 2009 年翻一番。由此可见，中国劳动人口的受教育水平与世界平均水平还存在巨大的差距，继续教育具有很大的发展潜力。

表 5-3　**2011 年部分国家高等教育学历人口的百分比**

国家	25—64 岁年龄人口中高等教育学历人口的百分比（%）	国家	25—64 岁年龄人口中高等教育学历人口的百分比（%）
澳大利亚	38	韩国	40
奥地利	19	卢森堡	37
比利时	35	墨西哥	17
加拿大	51	荷兰	32
智利	29	新西兰	39
捷克	18	挪威	38
丹麦	34	波兰	24
爱沙尼亚	37	葡萄牙	17
芬兰	39	斯洛伐克	19
法国	30	斯洛文尼亚	25
德国	28	西班牙	32
希腊	26	瑞典	35
匈牙利	21	瑞士	35

续表

国家	25—64 岁年龄人口中高等教育学历人口的百分比（%）	国家	25—64 岁年龄人口中高等教育学历人口的百分比（%）
冰岛	34	土耳其	14
爱尔兰	38	英国	39
以色列	46	美国	42
意大利	15	OECD 平均	32
日本	46	中国	10

2. 在 G20 国家中中国 25—64 岁人口的学历比例相对偏低

2011 年，G20（20 国集团）国家 25—64 岁高等教育学历人口的平均比例为 25%，中国为 10%，低于平均水平 15 个百分点。在金砖国家中，中国 25—64 岁高等教育学历人口比例略高于南非，低于其他金砖国家① （见图 5–4）。通过比较来看，中国 25—64 岁人口高等教育学历比例有待提高。

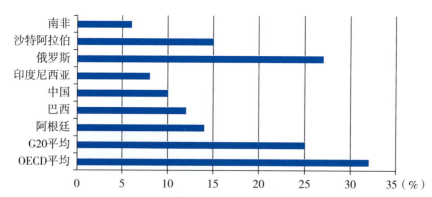

图 5-4 　部分 G20 国家 25—64 岁人口高等教育学历人口比例

【数据来源】1. 中国数据来自：国家统计局 . 第六次全国人口普查汇总数据 ［EB/OL］. http：//www.stats.gov.cn.

2. 其他国家数据来源于：经济合作与发展组织 . 教育概览 2013 ［M］. 北京：教育科学出版社，2013.

3. 中国 25—64 岁人口拥有高中及高中以上学历发展需求强烈

2011 年，OECD 各国 25—64 岁人口中拥有高中及高中以上学历人口的

---

① 印度数据缺失。

平均比例为 75%，而中国为 22%，远远落后于 OECD 各国（见图 5-5）。这既说明了中国成人学历水平总体偏低，也说明了中国成人学历继续教育还有巨大的发展空间。

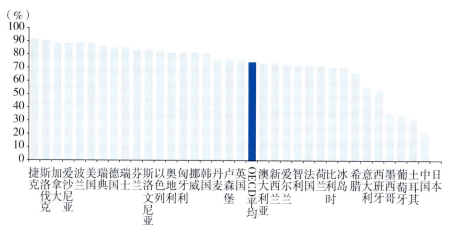

图 5-5 部分国家 25—64 岁人口拥有高中及高中以上学历人口比例情况

【数据来源】经济合作与发展组织. 教育概览 2013［M］. 北京：教育科学出版社，2013.

4. 劳动力人口受教育水平有待提高

劳动力人口泛指有劳动能力和就业要求的适龄劳动人口。国际上一般把 15—64 岁列为劳动年龄。中国则分性别规定男性 16—59 岁、女性 16—54 岁为劳动年龄。主要劳动年龄人口教育层次所占比例是衡量人力资源水平的重要指标，历来受到各国的普遍关注。以接受过高等教育劳动年龄人口比例作为标准进行衡量，2010 年，发达国家 15—64 岁受过高等教育的人口比例为 30% 左右。其中，日本 15—64 岁人口中受过高等教育的比例为 33%，澳大利亚为 26%。据世界银行 2010 年数据显示，金砖国家中，除俄罗斯以外（其比例最高，接近 24%），其他国家均不足 10%，中国比例最低，仅为 6%。[①]

据《中国人口与就业统计年鉴 2013》数据分析显示，2012 年，全国

---

① 中国教育科学研究院国际比较研究中心. 世界教育发展报告 2012［M］. 北京：教育科学出版社，2013：120-121.

就业人员中初中及以下文化程度的占 69.30%，高中文化程度的占 17.10%，大专及以上文化程度的占 13.70%。全国就业人员平均受教育年限为 9.73 年。其中，全国就业人员中受过高等教育（具有大专及以上学历）的占 13.70%，比 2010 年的 10.05% 增加了 3.65 个百分点；具有高中学历的占 17.10%，比 2010 年的 13.87% 增加了 3.23 个百分点。尽管如此，我国劳动力人口总体受教育水平依旧远远落后于发达国家，加快发展继续教育任务依然艰巨。

（三）中国成人平均受教育年限达到世界平均水平

联合国开发计划署的人文发展报告显示，2011 年，世界各国成人平均受教育年限为 7.5 年，成人平均受教育年限最高的国家是挪威，达到 12.6 年，最低的国家是莫桑比克，为 1.2 年（见表5-4）。中国成人平均受教育年限为 7.5 年，达到世界平均水平。作为中等人文发展国家，中国成人平均受教育年限高出平均水平 1.2 年。

表 5-4　2011 年部分国家成人平均受教育年限比较

国家和地区		平均受教育年限	人均国民总收入（美元）	教育指数
世界（平均）		7.5	9491	—
超高人文发展国家	挪威	12.6	88890	0.985
	美国	12.4	48450	0.939
	爱尔兰	11.6	38580	0.963
	德国	12.2	43980	0.928
	瑞典	11.7	53230	0.904
	日本	11.6	45180	0.883
	超高人文发展国家（平均）	11.3	—	0.894

续表

国家和地区		平均受教育年限	人均国民总收入（美元）	教育指数
高人文发展国家	乌拉圭	8.5	11860	0.763
	帕劳	12.1	7250	0.890
	塞舌尔	9.4	11130	0.747
	墨西哥	8.5	9240	0.726
	马来西亚	9.5	8420	0.730
	俄罗斯	9.8	10400	0.784
	巴西	7.2	10720	0.663
	高人文发展国家（平均）	8.5	—	0.715
中等人文发展国家	中国	7.5	4940	0.623
	土库曼斯坦	9.9	4110	0.739
	泰国	6.6	4420	0.597
	埃及	6.4	2600	0.560
	南非	8.5	6960	0.705
	越南	5.5	1260	0.503
	印度	4.4	1410	0.450
	中等人文发展国家（平均）	6.3	—	0.561
低人文发展国家	所罗门群岛	4.5	1110	0.427
	肯尼亚	7.0	820	0.582
	莫桑比克	1.2	470	0.222
	刚果（金）	3.5	190	0.356
	低人文发展国家（平均）	4.2	—	0.392

【数据来源】国际统计年鉴 2013 ［M］.北京：中国统计出版社，2013.

综上所述，中国是人力资源大国，但不是人力资源强国；中国有丰富的人口和劳动力资源，但人力资源质量不高、结构失衡；中国继续教育内涵丰富、体系完备、形式多样、发展规模居世界前位，人力资源开发水平步入中等收入国家行列。2012 年，学历继续教育规模达 1202.51 万人，非学历成人培训规模达 5364.65 万人次；企业职工培训规模达 9000 万人次，累计约有 6000 万人次获得各种职业资格证书。全国专业技术人员参加继续教育约 3700 万人次，截至 2012 年底，全国累计有 1575 万人取得各类专业技术人员资格证书。全国各类就业训练中心、民办培训机构共组织开展各类职业培训 2049 万人次，包括：就业技能培训 1196 万人次，岗位技能提升培训 546 万人次，创业培训 191 万人次，其他培训 116 万人次。其中，各类农民工培训 883 万人次，城镇登记失业人员培训 409 万人次，城乡未继续升学的应届初高中毕业生培训 165 万人次。但中国继续教育基础相对薄弱，继续教育管理体制、发展机制、人才培养模式、质量评估等与发达国家存在较大差距，这与中国经济发展、社会进步、文化繁荣的巨大需求不相适应。要提高中国经济社会可持续发展能力，必须坚持加强人力资源开发，进一步扩大继续教育规模，提高培训质量和水平，加快发展继续教育和职业培训，使中国从人力资源大国走向人力资源强国。

二、全球视野下的继续教育改革新动向

进入充满机遇和挑战的 21 世纪，终身学习成为时代的核心要素，构建终身教育体系、建设学习型社会普遍成为世界各国教育改革与发展的重要目标。许多国家把发展继续教育提升到国家战略的高度，并将其看作国家可持续发展的重要动力，从政策措施、经费投入和制度上加大支持力度，并在实践中积极推进改革，形成各具特色的发展路径和发展模式。

（一）探索开放大学建设模式

建设开放大学是 20 世纪末国际教育发展的新趋势。自 1971 年英国建立开放大学之后，众多国家掀起创办开放远程教育的热潮，开放大学如雨后春笋般迅速发展起来，规模宏大的"开放大学运动"成为一种国际化的现象。无论是发达国家还是发展中国家，开放大学的建设都逐步成为各国

高等教育发展的战略重点之一。据不完全统计，目前，世界上有60多所用开放大学命名的学校，而具有开放大学性质的学校和机构多达1400多个，同时，在全球范围内还成立了国际开放与远程教育协会、亚洲开放大学协会等组织。

1. 开放大学的兴起

开放大学是随世界远程教育和高等教育的蓬勃发展而兴起的一种新型大学。它采用远程教学和开放式的办学形式，结合函授、电视、广播、计算机网络等现代教学技术手段，强调打破时间与空间的限制，实现办学模式、教学方法和学习对象等方面的全面开放，向一切有意愿、有能力接受高等教育的人提供学习服务和学习机会。开放大学不仅具备自主办学权，而且学历继续教育和非学历继续教育并举，承担着服务学习型社会的重要使命。

英国开放大学是英国开放教育史上的一个创举。20世纪70年代初，英国出现了广播、电视、函授与暑期学校相结合的成人高等教育机构。1969年，英国政府颁发皇家特许状并准予颁发学位。1971年，第一所开放大学——英国开放大学建立，大学总部设在白金汉郡米尔顿·凯恩斯新城，总部下设地区分部，各地区设学习中心。英国开放大学的办学宗旨是开放教育对象、开放教学时空、开放教学方法、开放教学观念，也就是无论何时何地，面向全体社会成员提供学习机会。英国开放大学目前是英国规模最大的大学。2012年，英国有6230万人，英国开放大学的学生有26万，其中5万多人来自海外。为充分满足学生不同学习年限和学习层次的需求，英国开放大学设有7个院系，提供570门课程。英国开放大学本科学历设有专业资格证书、专业文凭、预科学位、普通学位、荣誉学位；硕士学历包括专业硕士学位和课程硕士学位；研究生学位包括两年制研究型硕士学位和博士学位。[①]

20世纪80年代全球相继建立了10多所开放大学，分布在西班牙、伊朗、以色列、巴基斯坦、德国、加拿大、委内瑞拉、哥斯达黎加、泰国、

---

① 贝森代尔.英国开放大学品牌的塑造［J］.北京广播电视大学学报，2012（6）：15–19.

中国、斯里兰卡和荷兰。① 开放大学作为一种新型高等教育机构跻身大学之林，履行大学传播知识、创造知识、服务社会的功能。

开放大学何以能在高等教育领域中异军突起？究其原因主要有三个方面。

首先，开放大学的兴起是社会工业化发展的必然要求。对发达国家而言，各国正面临从工业化社会向后工业化社会的转型；从发展中国家来看，也已开启了工业化的进程。无论是工业化还是后工业化社会，对人才的需求都变得更加强烈。解决经济快速发展的迫切需求与人才匮乏之间的突出矛盾、解决人们的学习需求与教育资源相对短缺之间的突出矛盾、加强人力资源建设、加快人才培养，成为许多国家和地区推动经济发展、社会进步和提高生活质量的重要举措。具体表现为三个方面：一是许多国家都形成了人才的社会化战略；二是寻求人才的社会化支持；三是开始了人才的社会化培养。因此，20世纪中叶之后，开放大学的国际趋势与战后的工业化和后工业化社会的经济发展是相一致的，开放大学是工业化社会的产物。

其次，教育理念的转变为开放大学的兴起奠定了思想基础。"二战"后，人们的教育理念发生了重大的变化：坚持开放理念，把开放教育的核心价值建立在推进教育民主、实现教育公平上，从为多数人服务向为所有人服务的理念转变，强调教育对象的全民性、教育过程的终身性、教育资源的共享性、教育空间的社会性，并以此保障社会成员的学习权、生存权、发展权。由此，带来了教育理念上三个方面的变化：第一，教育的全民性，即教育必须面对所有的社会公众，尤其是要面对不同的社会群体；第二，终身学习，即教育必须为人的终身学习提供服务；第三，学习支持，即教育必须为每一个愿意学习的学习者提供个性化、过程性的支持服务。

最后，科技创新为开放大学的兴起提供了技术保障。20世纪中叶开始的第三次科技革命以计算机等的发明和应用为主要标志，是涉及信息技术

---

① 这里指的是20世纪80年代兴起的区别于普通高校，实施远程开放教育的新型高校，当时以至今天，各国开放大学的名称并不统一。我国中央广播电视大学是国家开放大学的前身，1979年批准创立。2012年更名为国家开放大学。

等诸多领域的一场信息控制技术革命，标志着人类进入了信息化时代。信息技术在教育领域的广泛运用，不仅带来了教育手段的革命，也带来了教育模式的变革，进一步引导了教育结构与体系的创新。现代信息技术特别是互联网的快速发展，为实现教育理念的转变提供了技术支持。新创办的开放大学大多基于互联网开展灵活的教学，能够为任何人提供在任何时间、任何地点进行终身学习的机会，有力地推进了终身教育体系的构建和教育的民主化进程。

2. 开放大学的发展优势

开放大学最大的特点就是其全方位的开放性。英国开放大学在成立之初便提出了"四大开放"的办学理念，即：开放学习对象（open as to people）、开放学习地点（open as to places）、开放学习方法（open as to methods）和开放教育观念（open as to ideas）。全方位的开放性从根本上打破了传统教育对学习者身份、学历、分数的限制，打破了传统教育千篇一律、僵化刻板、规格化的模式，打破了专门化、专职化、特权化的传统教育观念的束缚。开放大学通过特有的开放入学政策，向所有希望接受高等教育的人敞开了大门，无论其年龄、性别、职业、肤色、种族、国别、社会背景、经济条件、宗教信仰、政治立场、身体状况和家庭环境如何，都可以进入开放大学学习。印度英迪拉·甘地国立开放大学的办学目标是为社会各阶层提供高等教育，满足所有人的需求。韩国国立开放大学旨在提升全民教育水平，促进国家社会的发展。全方位的开放性充分体现了现代教育大众化、民主化、平等化、人性化、终身化的根本特征和发展趋势。

除了开放性，与普通大学相比，开放大学还有以下优势。

（1）灵活的办学模式。首先，开放大学的课程设置灵活多样。既开展攻读学士、硕士、甚至博士学位的高等学历继续教育，也进行各类职业证书培训和继续教育的非学历继续教育。开放大学的课程设置体现了多样化的办学层次和富有弹性的教育模式。在培养学科专门人才的同时，也培养了跨专业、跨学科、跨领域的通才，适应了现代社会对人才知识结构的需求，有利于国民素质、公民教养的提高。其次，开放大学的学分之间可以互换，开放大学在学分的承认、计算及转换方面提供了较为灵活的政策。

在开放大学学习学位课程的学生可以通过开放大学与其他学校达成的合作协议，在其他大学学习开放大学没有提供的全日制和非全日制课程，并且获得开放大学承认的学分。

（2）高质量的课程教材。在教材的建设方面，开放大学不惜重金投入。在整套教材的编写过程中，开放大学预先制定了一套严格的指导、培训、编写、审查规程，根据学生的不同需求，设置了一套高质量的适用于学生的课程教材，编写的教材突出启发性、实用性、交互性的特点。为了保证教材内容的前沿性，开放大学还建立了教材的试用制度，来保证课程开发的质量。在教材的试用期间，学校专门聘请一些国内外的专家学者对其进行审查，从中找出问题和不足，以保证教材的高水平、高质量。课程组的成员定期开会，以便制定新的考试内容和布置新的作业，保证使经过修改的整套教材中有最新的知识，并能跟上时代的步伐。

（3）可靠的教学质量。开放大学非常重视教学质量，建立了严格的质量保障体系。一是建立了健康严格的教育管理体制。既有独立自主的行政管理、精简高效的教学管理、严格细致的人员管理制度，还有全面完善的质量检查评估制度。二是建立了严格的教师选聘制度。严格选聘高素质的教师，设置不同类型的教师队伍。开放大学有专职教师和兼职教师，兼职教师又分为兼职的教育指导教师和课程指导教师。开放大学还非常重视对教师的培训和监督。三是建立了严格的学生学业评估制度。将平时考核和期末考试相结合，及时掌握学生学习情况。英国开放大学以学生为中心提供教学支持服务，包括教学大纲、课程设计、资源建设、教学环境和教学媒体的运用、互动和反馈、评估等，以高质量的教学和支持服务强化学习过程；注重远程教育的师资队伍建设；其最大的优势体现在多种媒体教材的高质量开发、学习支持服务、课程制作和发送的基础设施建设上。

（4）低廉的教育成本。开放大学的使命在于扩展教育规模，满足不同层次、不同类型的教育需求，尤其是向社会的弱势群体提供可以负担的教育。因此，教育成本必须比普通高校低。开放大学提供的是一种"大众生产方式，并用于取代传统课堂教学的手工业生产方式"，即通过规模化经营降低成本。曾任英国开放大学副校长的约翰·丹尼尔（John Daniel）在其代表作《巨型大学知识媒体：高等教育的技术战略》中指出，开放大学的开支远远低于其他大学，一般学位开支是其他大学的 39%—47%，荣誉学位的开支为其他大学的 55%—80%；一般本科生的经常性开支不到其他大学的 1/3，研究生开支不到其他大学的一半。

3. 亚洲各国开放大学的异同

进入 21 世纪，伴随现代信息和网络技术的发展，流动学习、跨国学习、在线学习日益成为世界远程教育发展的时代潮流，开放大学成为促进亚洲高等教育大众化的重要推动力量。在全球学生数量超过 10 万的 11 所开放大学中有 7 所在亚洲，亚洲已成为世界上开放和远程学习人数最多的地区。[①] 亚洲各国开放大学各具特色，主要分为两种模式：一种是效仿英国开放大学的模式，主要有印度英迪拉·甘地国立开放大学（IGNOU）、泰国素可泰开放大学（STOU）、中国香港公开大学（OUHK）、马来西亚开放大学（OUM）等；另一种是根据本土国情建立的开放大学模式，具有代表性的包括日本开放大学（OUJ）、韩国国立开放大学（KNOU）、伊朗培亚米·莫努尔大学（PNOU）等。

印度的开放大学采用联邦制，即联邦系统分权管理模式。印度英迪拉·甘地国立开放大学与 15 所相对独立的邦立开放大学共同组成印度远程开放大学系统。英迪拉·甘地国立开放大学覆盖全国，具有双重职责，一方面在全国范围内独立实施远程开放教育，另一方面协调并确保印度其他独立邦立开放大学的教育水准；15 所邦立开放大学属于所在邦独立办学的学校，有适当的管理和资质体系，接受国家开放大学的指导和协调。1982年，印度借鉴英国开放大学的模式，扩大高等教育机会，建立安德拉邦立开放大学，经过三年的成功运行，1985 年，印度议会通过立法创办印度唯一的国立开放大学——英迪拉·甘地国立开放大学。英迪拉·甘地国立开放大学实行三级系统管理，设总部、地区中心及学习中心。目前，有 16 个博士点和 20 个硕士点，开设 21 所分校、67 个地区中心、3000 个学习中心和 67 个海外学习中心，为印度以及 36 个国家的数以百万计学生提供教育服务，设置近 500 种涵盖证书、文凭和学位的课程。^① 印度开放大学的学历继续教育和非学历继续教育之间可以相互转换，相同的课程可以互认，并通过与其他高校签订协议，校际间可以互换课程，所取得的成绩和学分可以互相申请免修。

马来西亚开放大学成立于 2000 年，是马来西亚的第七所私立大学。其办学宗旨充分考虑社会在职群体，旨在为追求梦想的社会人群提供更多的教育机会。其办学理念是建设一种有利于学生学习的学术交流体系和融合师生互动、在线学习、学生自学的学习模式。通过开放大学的学习，社会在职人员可以提升他们的行业发展、职业转换、终身学习等所需要的知识和技能。^② 目前，马来西亚开放大学共有 37 个学习中心，其中包括 10 个区域学习中心；设 5 个学院提供 70 多个专业计划；本科教育分为 A/B 两级，硕士研究生有 15 个专业，博士研究生有 5 个专业。马来西亚开放大学完全采用信息通信科技办学，拥有灵活完整的学习管理系统，提供灵活的入学方式、学费付款方式、学习方式和学习时间。

日本开放大学的前身是成立于 1983 年的日本放送大学，是以广播、电视、网络等手段进行远程教育的国立大学，其办学的目的是通过有效利用广播电视为在职人员和家庭提供接受高等教育的机会，确保完成中等教育学业的人有充分的机会接受大学教育。2007 年，日本放送大学更名为日本开放大学，实行灵活的学分制，开设本科和研究生教育，与高校签订学分互认协议，并免费让其他大学无偿使用其录像带和其他材料。日本开放大学设总部，主要负责统一进行学籍管理、课程建设、课程播出、教材发放、考试命题等；在全国建有 52 个学习中心和 7 个卫星空间，分布在 47 个都、道、府、县，主要任务是协助招生，提供面授辅导、课程学习咨询与指导，组织收听广播、收看电视节目、借阅图书，组织注册与考试等。

---

① 安然. 英迪拉·甘地国立开放大学：印度远程高等教育的典范 [J]. 科教文汇, 2013 (22)：4-5.

② 袁利平，杨琴琴. 马来西亚开放大学办学特色及其启示 [J]. 国家教育行政学院学报, 2011 (4)：91-95.

　　韩国国立开放大学成立于 1972 年，最初是附设在汉城国立大学下的两年制专科学校，1981 年改制为五年制大学，1991 年改为四年制大学，1994 年更名为韩国国立开放大学。韩国国立开放大学的办学宗旨是为不能进入普通大学就读的人们提供接受高等教育的机会，满足在职人员进修专门知识的需求，为全民教育水平的提升服务，促进国家社会发展。其下设 13 个道学习中心，34 个郡部学习馆。开展大学本科及专科学历课程、研究生学位课程，自学学士学位课程和非学历继续教育课程等四种形式的继续教育；设有 4 个本科学院和 22 个本科教育系部，此外开设非学历课程以及 1 个自学考试中心。

　　亚洲各国开放大学虽各具特色，但具有共同的经验。第一，建立立法保障。各国开放大学都有办学自主权，同时具有国家立法支持。如在印度英迪拉·甘地国立开放大学、韩国国立开放大学、日本开放大学等成立之初，国家就制定了专门的开放大学法、条例或章程，将开放大学远程学习纳入国家政策框架，并通过国家层面的远程教育立法规范远程开放教育的行为和指导远程开放教育的实践。第二，多元经费投入。各国开放大学大多以政府经费拨款为主，以自身办学实力、办学规模和优质服务吸引更多的学生，依靠学费收入及相关资源使用资金，支撑开放大学的可持续发展。日本开放大学的资金来源中政府拨款约占 50%，学费收入约占 30%，其他收入约占 20%；印度英迪拉·甘地国立开放大学从中央拨款、学生收费和项目资金中获得运作资金；马来西亚开放大学大部分经费来自学费收入，参照普通高校建立生均拨款制度。第三，强化开放大学质量保障体系，建立高质量的教师队伍，加强对教学过程的监控，完善多种形式的学习支持服务。

　　从国际经验来看，由于各国经济社会发展、历史文化、教育传统等存在差异，各国的开放大学建设经过实践探索，选择了不同的发展路径，特别在办学理念、办学自主权、立法保障、经费支持、课程资源建设、学习支持服务系统等方面，既借鉴了具有共性的成功经验，也发展了特色各异的发展模式（见表 5-5）。中国开放大学建设刚刚起步，开放大学的许多方面还需要不断改革完善，需要学习借鉴国外开放大学的发展模式和办学经验，以促进中国开放大学更加快速的发展，进而促进我国终身学习体系的构建和学习型社会的建设。

表 5-5　亚洲 7 所开放大学比较

开放大学名称	成立时间	办学规模	办学层次	办学组织体系	内部架构
泰国素可泰开放大学	1978 年	10 万人以下	有本科及以上学历和学士、硕士、博士学位授予权；证书培训项目	一校制（国立）：建立 1 个全国的网络系统，下设 10 个地方远程教育中心	学院制，二级架构；下设 5 个学院
日本开放大学	1983 年日本放送大学；2007 年更名为日本开放大学	10 万人以下	本科、研究生（硕士）、非学历培训；可授予学士和硕士学位	一校制（国立）：包括总部和学习中心，全国设 52 个学习中心和 7 个卫星空间，分布在 47 个都、道、府、县	学部制，设研究生学部和文科学部
韩国国立开放大学	1982 年独立设广播与通信学院；1993 年韩国广播和通信大学；1994 年更名为韩国国立开放大学	10 万人以上	专科、本科、研究生（硕士学位/博士课程）、非学历培训；可授予学士、硕士学位	一校制（国立）：全国设有 2 个总部办公室，4 个企业中心，13 个地方校园，36 个学习中心	学院制，三级架构；下设 5 个学院，39 个系
印度英迪拉·甘地国立开放大学	1985 年	10 万人以上	专科、本科、研究生（硕士/博士）、非学历培训；可授予学士、硕士和博士学位	联邦制：设国立开放大学和 15 所邦立开放大学；国立开放大学包括总部、地区中心和学习中心	学院制，二级架构；下设 11 个学院

续表

开放大学名称	成立时间	办学规模	办学层次	办学组织体系	内部架构
伊朗培亚米·莫努尔大学	1988 年	10 万人以上	专科、本科、研究生（硕士、博士）、非学历证书培训项目；可授予学士、硕士、博士学位	一校制（国立）：设总部，30 个地区学习中心，485 个教学点和遍及全国的地方校园和国家学习中心	学院制，二级架构；下设 7 个学院 43 个系
中国香港公开大学	1989 年香港公开进修学院；1997 年香港公开大学	10 万人以下	本科、硕士、非学历培训项目；可授予学士、硕士学位	一校制（公立）：设 3 个学习中心	学院制，二级架构；下设 5 个学院
马来西亚开放大学	2000 年	10 万人以下	专科、本科、研究生（硕士、博士）；可授予学士、硕士和博士学位	一校制（私立）：设 61 个学习中心	学院制，二级架构；下设 6 个学院

【资料来源】王晓楠. 亚洲开放大学模式研究：基于国际比较视角 [J]. 天津电大学报，2012（2）：22—28；亓彦伟、袁松鹤、马若龙. 我国开放大学体制机制研究 [J]. 中国高教研究，2012（5）：14—15.

（二）建立继续教育学习成果认证、积累与转换制度

随着教育国际化和终身教育的发展，学分积累与转换制度在引领终身学习、扩充继续教育、促进人才流动中发挥着积极的作用。

1. 各国学习成果认证、积累与转换的探索历程

国际上，学习成果认证、积累与转换制度的发展经历了三个阶段。

第一个阶段（20世纪80年代末—90年代中期），欧美一些国家开始在国家层面对学分互认和转移进行实践探索，并在改革中不断创新。英国、澳大利亚等国和中国香港地区首先建立了"资格框架"，在不同类型学习成果间建立分层级统一度量的标尺，助推学分转换。英国从最初的高等教育资格框架及职业教育资格框架逐步形成了学分积累与转换制度，该制度的核心目标是"为成功的未来而开发技能"，其特点是形成了基于"学分与资格认证框架（QCF）的学分单元＋资格"二级标准体系。1994年，英国在《社会公平：国家复兴的战略》报告中首次提出建立学分银行制度，为每个成年人提供能够贯穿其终身的学习机会。1998年，《学习的时代》绿皮书更加明确地提出建立"个人学习账户"制度。美国、加拿大则在教育机构间达成互认学分的双边或多边"协议联盟"。美国80%以上州的大学按照协议吸纳社区学院学生，实现了各类教育的深度融合和协同发展。韩国于1996年实施学分银行制，认可来自各类教育培训机构的学习成果。

第二个阶段（20世纪90年代末—21世纪初），爱尔兰、马来西亚、墨西哥、菲律宾、新加坡等开始建立或实施学习成果认证、积累与转换制度。1999年，爱尔兰出台《资格（教育和培训）法案》，核心是建立教育和培训的标准，提高教育和培训的质量，吸引更多的学习者学习，推进各类学习之间的转换，为学习者的升学、转学提供更多的机会。2003年，爱尔兰发布国家资格框架（NFQ），2004年，全面实施国家资格框架，将所有证书整合在统一的框架下，实现学分互认、转换和不同层次教育之间的衔接，并为后来与欧洲、英国的资格框架互认、学分转换提供可能。

第三个阶段（21世纪以来），巴西、智利、中国、罗马尼亚、坦桑尼

亚、土耳其等国积极从国家层面推进建立学习成果认证、积累与转换制度，并使之日益成为越来越多国家的共同行动。大多数国家在制度设计上是从建立国家资格框架开始的，即使没有建立资格框架的国家，也建立了完善的学历、学位、职业资格等证书制度。据国际劳工组织 2010 年发布的《国家资格框架的实施和影响：16 个国家的研究报告》的统计，世界上已有 100 多个国家正在开发或者已经实施了某种类型的资格框架，目的是促进人们对资格（学位、证书和基于经验的学习成果）的理解，向用人单位提供未来劳动者所具备的能力的信息。通过资格框架、资格标准和课程单元标准的建立，逐步形成学习成果转换与积累制度，打通教育、培训和就业之间的通道。与此同时，区域组织也通过资格框架的构建，建立起区域间资格等值认可以及学分互认、转换与积累制度。[1] 截至 2012 年，已有近 150 个国家和地区已建立或正在建立资格框架（见表 5-6）。

表 5-6　已经/正在建立资格框架的国家/地区一览表

亚洲（34）	欧洲（49）
文莱、柬埔寨、印度尼西亚、老挝、马来西亚、缅甸、菲律宾、新加坡、泰国、越南、亚美尼亚、阿塞拜疆、巴林、不丹、格鲁吉亚、中国、中国香港、印度、以色列、约旦、哈萨克斯坦、韩国、科威特、吉尔吉斯斯坦、黎巴嫩、马尔代夫、尼泊尔、巴勒斯坦、阿曼、巴基斯坦、塔吉克斯坦、东帝汶、阿联酋、孟加拉	奥地利、比利时（佛兰德）、比利时（法语区）、比利时（德语区）、保加利亚、克罗地亚、塞浦路斯、捷克、丹麦、爱沙尼亚、芬兰、法国、德国、希腊、匈牙利、冰岛、爱尔兰、意大利、拉脱维亚、列支敦士登、立陶宛、卢森堡、马耳他、黑山、荷兰、挪威、波兰、葡萄牙、罗马尼亚、斯洛伐克、斯洛文尼亚、西班牙、瑞典、马其顿、土耳其、英格兰、北爱尔兰、苏格兰、威尔士、阿尔巴尼亚、白俄罗斯、波黑、科索沃、摩尔多瓦、俄罗斯、塞尔维亚、索马里、瑞士、乌克兰

---

① 王立科. 从理念到实践：我国"学分银行"制度建设的模式与策略选择［J］. 中国高教研究，2013（11）：26-30.

续表

美洲（22）	非洲（37）
加拿大、墨西哥、圣基茨和尼维斯、圣卢西亚、圣文森特和格林纳丁斯、阿根廷、巴西、智利、蒙特塞拉特、苏里南、安提瓜和巴布达、巴巴多斯、伯利兹、哥伦比亚、多米尼加、格林纳达、圭亚那、海地、牙买加、圣卢西亚岛、巴哈马群岛、特立尼达和多巴哥	安哥拉、博茨瓦纳、刚果（布）、莱索托、马达加斯加、马拉维、毛里求斯、莫桑比克、纳米比亚、塞舌尔、南非、斯威士兰、坦桑尼亚、赞比亚、津巴布韦、贝宁、布基纳法索、佛得角、科特迪瓦、埃及、厄立特里亚、埃塞俄比亚、加纳、几内亚、几内亚比绍、利比里亚、马里、摩洛哥、尼日尔、尼日利亚、巴布亚新几内亚、塞内加尔、塞拉利昂、科摩罗、冈比亚、多哥、突尼斯

大西洋（7）
澳大利亚、基里巴斯、新西兰、萨摩亚、汤加、图瓦卢、瓦努阿图

2. 学习成果认证、积累与转换的不同模式

由于各国国情不同，制度的模式和特点各异，在名称上，有的国家称学分积累与转换制度，有的国家称学分银行制度，但其本质均是学习成果的认证、积累与转换制度。各国试图通过实行学习成果的认证、积累与转换制度，建立普通教育、职业教育、培训之间的沟通和衔接机制，使国家教育更适应社会经济发展的需要；促进人员流动和就业，通过对各类学习成果的认可和学分的积累和转换，方便学习者在教育、培训和就业间进行流动和选择；使原本无法比较、无法衔接的各种学习成果纳入有序、透明、参照性强的学习成果认证体系；将学校教育和校外教育、正规教育与非正规教育纳入终身教育体系，促进学习型社会的形成和发展。

学习成果的认证、积累与转换主要有三种模式：一种是基于国家资格框架的制度模式，一种是协议式制度模式，还有一种是学分银行制度模式。

（1）基于国家资格框架的制度模式。大多数国家采用的是基于国家资格框架的制度模式。从20世纪80年代末开始，一些国家和地区陆续开发和实施了国家资格框架制度，如英国资格与学分框架、澳大利亚国家资格框架、南非国家资格框架、欧洲终身学习资格框架等，通过国家资格框架

的开发和实施，逐步建立起学习成果的认证、积累与转换制度。从国家和地区层面设立专门的组织机构负责制度建设，发布标准或其他规范文件保障制度有效运行，通过资格分级、分类、注册、发布等程序使各种资格更加透明。

最具代表性的是欧洲学分转换系统（European Credit Transfer System，ECTS）。ECTS 起源于欧洲一体化进程，最初的目的是根据欧共体"伊拉莫斯"计划，对学生流动、转学期间的学习给予认可，促进国家间高等教育领域学生的自由流动。欧洲各国由于历史、文化、社会、教育理念和教育体制方面存在多样性，在学制设定、课程组织、教学语言、学位授予等方面各不相同，学分计算方法千差万别，为实现学历互认，迫切需要一个共同的学分计算与衡量标准。于是 ECTS 应运而生，用于衡量、比较和转移学生在不同国家和高等教育机构的学习成果。ECTS 在发展过程中吸取了欧洲各国学分积累与转换的实践经验，并通过不断调整，逐步适应欧洲各国多样化的高等教育环境。ECTS 在欧洲大陆广泛应用，成为融合欧洲高等教育的重要工具。[①]

ECTS 创设于 1989 年，可应用于欧洲的所有学习项目，不论学习模式（校本学习、生产实习）和学习者状态（全日制、半工半读），并对所有学习形式（正规、非正规和非正式）开放。[②] 作为一种工具，它增加了课程和专业资格的透明性和可理解性，使不同国家、不同机构的学习具有可比性，从而促进了学习成果的互认，为学生的流动提供了方便。与此同时，ECTS 支持先前的学习认证，对促进社会成员的终身学习发挥着重要的作用。

（2）协议式制度模式。采用该制度模式的国家，一般通过国家立法及协议联盟的形式建立学习成果认证、积累与转换制度。该制度主要适用于实行教育分权制的国家，如美国、加拿大等通过签订国家或地区范围的协

---

① 孔磊，殷双绪. 欧洲和北美学分积累与转移系统的比较研究 [J]. 远程教育杂志，2012（3）：44-51.

② 杨晨，顾凤佳. 国外学分互认与转移的探索及启 [J]. 现代远距离教育，2011（4）：9-14.

议，或双边或多边，建立各类学习成果认证、积累与转换的合作机制。典型的案例就是美国大学和社区学院的学分互认机制。美国通过协议建立了各类院校的合作机制，特别是社区学院向本科院校转学的合作机制。社区学院与四年制大学之间实施双向互通的学分转移，保证学生从两年制社区学院毕业后或学习中途可以转入四年制大学继续学习获得更高学位而不必重学相同课程，各层次学校通过签订协议的方式互相承认课程、学分。社区学院和大学之间签订一系列课程或专业认证协议，以及转学课程衔接协议，详细规定了社区学院与四年制大学和学院的某些课程学分对等、学分互认。

社区学院的转学功能使美国高等教育机构中不同学校之间的流动成为可能，各州的社区学院都与四年制大学之间建立了完善的课程衔接、学分互认机制，可以保障部分学生在通过社区学院两年的学习后顺利转入四年制大学，满足不同层面学生的需求，为越来越多进入社区学院学习的学生提供了一条进一步提升的路径，给学生提供就近完成部分学业的一种选择。

美国通过设立共同核心课程开辟了社区学院向本科院校转学的"共通"机制。为保证学分互认与学分转换有效进行，美国高等教育系统集中力量对高等教育阶段最具代表性的课程进行共同探讨，并对这些课程的学分和等级进行统一规定，同时给每门课程进行统一的分类和编码，这些编码在不同的社区学院和四年制大学都是通行和一致的，使学分转换更加规范，便于管理。美国学分转换有完善的文件和协议制度，各州确定了学分转换工作机制，如"全面学制衔接协议""转学课程衔接协议"等，开发了辅助机制，如转学信息系统、转学咨询委员会、转学录取保障政策、转学生申诉程序等。

（3）学分银行制度模式。学分银行是学习成果认证、积累与转换制度的一个通俗称谓，是模拟借鉴银行的功能和特点，以学分为计量单位，对学习者的各类学习成果进行统一的认证和核算，具有学分认证、积累与转换等功能的新型学习制度和教育管理制度。

韩国是第一个以立法形式推进学分银行的国家。1997年，韩国颁布了《学分认证相关法律》，该法规定了学分银行的实施细则，并以课程为认证单位，明确了学分认证的对象、基准、程序以及特殊情况的处理办法；成立了专门的运行机构——韩国终身教育振兴院，负责学分银行的运营和管理。

学分银行概念的正式提出始于韩国。学分银行借鉴银行的某些功能，但储存的是不同教育经历的学习成果和学分，汇兑的是学历证书或学位，通过专门的认证服务机构对学习者的各类学习成果进行统一的认证与核算，使其在各个阶段通过各种途径获得的学分得到积累和转换。学分银行试图通过学分互认，建立连接正规教育和非正规教育的网络系统，使学习者可以通过在被认证的工作单位、大专院校、终身教育机构开设的课程中自主选修、累积学分，提升自己的能力，并取得终身学习的学位文凭。

学分银行的核心是制定标准化课程体系。由韩国教育科学技术部和终身教育振兴院共同合作开发的标准化课程体系，包含了每个学科领域的综合学习计划，详尽描述了每一个学科的总教学计划、教学目的、课程、必修学分、学士学位的获取要求、评分和教学质量控制等，帮助学习者、教育培训机构进行学分的评估和认证。该标准化课程体系每两年修订一次，至今已修订过16次。

目前，很多国家都建立了学分银行。从学分银行建设的主体来看，可以分为国家、地区和机构三个层面。具体而言，有国家建设学分银行的，如英国、澳大利亚等；也有地区开展学分银行建设工作的，如中国香港；还有教育机构自身开展学分银行建设工作的，如英国开放大学。此外，学分银行的适用范围也不尽相同，有的在高等教育之间开展，如欧盟的博洛尼亚进程、英国的学分积累与转换系统等；有的在职业教育之间开展，如欧盟的哥本哈根进程；有的则在高等教育与职业教育之间开展，如澳大利亚、美国、加拿大、中国香港等地促进高等教育与职业教育互通的学分转换模式、策略等。

尽管学分银行的建设主体和适用范围有所不同，但从整体来看，无论是国家、地区还是机构，无论是在高等教育领域，还是在职业教育领域，学分银行建设的核心内容是一致的，即学习成果认证、学分积累与转换这两大部分（见表5-7）。学习成果认证主要包括学习成果认证的层级指标、学习成果认证的规则及方法等，将学习成果认证为学分后，进入学分积累与转换阶段，学分的积累与转换主要包括积累与转换的规则和工具等。

表5-7 国际范围内学分银行建设的基本情况表

主体	适用范围	时间	目的	组织架构	核心内容	典型案例
国家之间	高等教育	1987年伊拉莫斯计划，2005年欧盟高等教育区认证框架	促进欧盟范围内学生流动，实现欧盟地区国家高等教育间互通	多部门协调		欧盟
	职业教育和高等教育	2002年哥本哈根宣言，2008年欧洲资格框架（EQF）	促进欧盟地区职业教育与培训，高等教育间互通，促进终身学习	多部门协调		欧盟
国家内部	高等教育	1997年《学分认证法》，"学分银行"制度	为所有由非正规高等教育管道获得学分位的成人拓展机会	学分银行事业部		韩国
	职业教育和高等教育	2011年英国学分与资格认证框架（QCF）	促进各种教育系统互通	多部门协调	学习成果认证、学分积累与转换	英国
		2003年完整国家框架	促进职业教育及培训制度发展，便于职业教育与高等教育衔接	多部门协调		澳大利亚
		2009年对苏格兰学分和资格框架（SCQF）进行修订	促进不同教系资格的衔接	多部门协调		苏格兰
地区	职业教育和高等教育	2008年资历架构（HKQF）	促进学术、职业、继续教育的互通	多部门协调		香港
		1992年《非正规教育学习成就认证办法》	建构正规与非正规教育体制间连接的桥梁	台湾师范大学		台湾

续表

主体		适用范围	时间	目的	组织架构	核心内容	典型案例
机构	高校间	高等教育	始于 1987 年发起的伊拉莫斯计划	促进欧盟内高等教育机构间学生流动	高校间协调完成		欧盟体系高校之间
		高等教育	2007 年 3 月发布转换协议	促进学生在 8 所学校间流动	高校间协调完成		澳大利亚澳洲大学八校联盟（G8）
		职业教育和高等教育	2007 年开始	促进职业技术教育（TAFE）学院与大学之间学分互换	学校相关学分转换部门	学习成果认证、学分积累与转换	澳大利亚迪肯大学与 3 所职业技术教育学院
	高校内部	高等教育	2005 年英国开放大学课程等级指标	避免重复学习，促进学生交流	学校内部机构		英国开放大学
	企业	职教育和高等教育	2011 年 5 月	促进企业大学与普通教育互通	临时性组织		德国汉堡大学

3. 先前学习的评价与认证

先前学习成果的认证形式比较多样，既有面向组织的，也有面向个人的。面向组织的认证主要是指将组织的课程方案作为认证的对象，一般称为课程学分认证。学生通过已认证课程的相应考核获得的学分可以被直接认证，不需要再参加考试进行重复测量。目前，国际相关实践中，很多都是对面向组织的课程方案进行认证的案例，如韩国学分银行对教育机构及课程的认证，台湾非正规教育认证中心对非正规教育机构的课程的认证等。面向个人的认证与转换主要以学生个体为对象，对其具备的知识、技能和能力进行判断。两种认证的具体内容详见表5-8。

表 5-8   学分积累与转换

	类型	积累与转换规则	积累与转换工具	典型案例
面向组织的认证（面向个人的认证的基础）	高等教育	统一学分积累与转换规则；统一学分的内涵；统一学分量的计算；统一学分量的匹配；统一关键文件（机构、课程、学生信息、协议等）	数据库（认证后的组织或课程信息）	ECTS
	职业教育	统一学分转换系统；统一点数；统一学分；统一关键文件（协议）		ECTS
	职业教育和高等教育	统一学分积累与转换系统		ECTS 和 ECVET
		职业教育课程或证书与高等教育标准化课程的匹配（基于认证指标共同协商）		澳大利亚、美国、加拿大、中国台湾地区

续表

	类型	积累与转换规则	积累与转换工具	典型案例
面向个人的认证	正式学习成果	提交关键文件（申请表、培训计划、成绩单记录等）	数据库（学生个体终身学习账户信息）	国内高校
	非正式学习成果	提交关键文件（申请表、各类证明材料等）		加拿大各省及大学；中国香港地区的职业训练局

注：ECVET 为欧洲职业教育与培训学分系统（European Credit System for Vocational Education and Training）的缩写。

先前学习认定（PLAR）起源于 20 世纪 80 年代。美国、加拿大、澳大利亚和英国等欧洲国家根据各国实际情况和对非正规学习、个体职业生涯发展和终身学习理念的理解，开展相应的先前学习认定实践活动，虽然名称不统一，但基本内涵就是认定成人通过非正规学习、非正式学习所获得的知识和技能，目的是将成人通过非正规学习、非正式学习所获得的知识和技能转换为高等教育机构所认可的学分，使那些远离高等教育的成人再次回归高等教育范畴之内。

对先前学习经验的认证是澳大利亚资格框架的主要特征。澳大利亚资格框架中有一种评价程序——先前学习认定，就是通过对个人以前经非正规教育和培训获得的、但未认定的知识和技能进行评估，以确定个人已经达到的某种学习结果的程度，进而获得澳大利亚资格框架中的某种资格证书或资格证书的一部分。先前学习认定对任何人在任何实践、任何地点获得的知识、技能等进行认定，这些知识、技能等主要包括以前的学习、工作的经验、生活的经验，人们获得先前学习认定的关键是已经具备的知识和技能等能够达到自己申请的资格标准。有多种多样的机构提供先前学习认定评估，主要包括提供职业教育培训与评估的注册培训组织、仅提供评估服务的注册培训组织、专门研究先前学习认定的私人代理机构、综合性大学和其他高等教育机构、职业团体、协会或政府评估机构、私人培训提供者和评估中心、提供特定社区服务项目的国家或国际组织等。先前学习认定使所有社会成员都有获得资格证书和进入正规教育和培训体系的机会，并且使人们更容易在各个教育培训部门之间、培训部门与劳动力市场之间流动。先前学习认定成为实现终身教育和终身学习，尤其是鼓励个人参与各种学习，包括正规学习、非正规学习和非正式学习的一个重要途径。

印度高校在接受跨校学生时，一般会将学生信息录入先前成果认定系统（RPL）。其优势在于可以帮助学生申请课程学分，承认学生之前的学习，是技能和知识的一个评审过程。经认定的教育机构的毕业生可以提供证据证明其以往的学习和行业经验，他们将有资格申请课程学分（又称优先转学，学术学分或学分转换）。主要流程包括三步（见图5-6）。

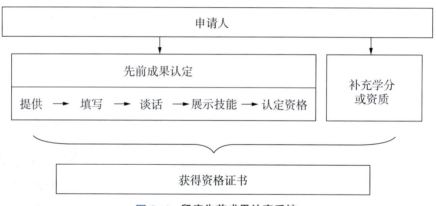

图 5-6 印度先前成果认定系统

第一步，提供个人技能或经验证明。通常认定机构需要申请人填写一份表格，在表格中应当尽量完善申请人的个人信息。

第二步，与认证员谈话。认证员首先核实表格的填写内容，接下来对所填写的知识储备和技能掌握情况进行测试。这一阶段认证员会提问申请人有关本行业的问题，以便确认其是否达到相应的素质要求。

第三步，申请人展示技能。如果条件允许，认证员会要求申请人进行实际技能演示。认证员通过演示过程，对技能做出资格认定。当认定结果出来后，申请人仅需参加剩余课程培训补齐所缺学分或资质，便可获得一份完整的资格证书。

韩国的学分银行承认多种学习途径获得的学习成果，也包括学校外的各种学习经历，涵盖正规教育、非正规教育和非正式教育等形式。在韩国学分银行里，学习者可以获得比普通高校更多样的学分来源。当学习者向学分银行认可的机构提出课程学习申请时，他们就能从学分银行的附属教育机构处获得学分，同时也可以从他们的学习经历和先前学习中获得学分。这种对先前学习的认可模式是学分银行区别于普通高校的独一无二的模式。

（1）韩国学分银行的第一类先前学习认定：获得证书。学分银行以学分形式认定的先前学习的形式之一是由各种公立或私立组织颁发证书。获得某一专业领域的证书意味着拥有了该领域的专业技术、知识和能力。认定非正规教育学分正在成为社会鼓励终身学习发展的核心关键词。国家职业资格证书由政府颁发，私立证书由私立组织或协会颁发。韩国就业劳动部掌管 556 种国家职业资格证书（NVC），由另外的相关部门掌管 131 种其他的国家证书（NC）。学分银行认定 368 种国家职业资格证书和 142 种其他的国家证书。私立证书仅在获得官方认可后才能被认定学分，其他证书及企业证书不能获得学分认定。到 2011 年，获得学分认定的先前学习证书达到 576 种（见表5-9）。

表5-9　韩国证书体系与学分银行认可的证书一览表

分类		政府部门认可的证书种类（种）	学分银行认可的证书种类（种）	认可率（%）
国家证书	国家职业资格证书（NVC）	556（就业劳动部）	368	63.8
	国家职业资格证书外的国家证书（NC）	131（23 个政府部级单位）	142	24.7

续表

分类		政府部门认可的证书种类（种）	学分银行认可的证书种类（种）	认可率（%）
私立证书	官方认可的私立证书	97 （12个政府部级单位）	66	11.4
	私立证书	约1400	—	—
	企业证书	约100 （49个公司）	—	—

（2）韩国学分银行的第二类先前学习认定：通过学士学位考试国家考试（NEBD），让自学者也能通过参加考试而获得学位。已获得官方认定的自学考试设有四个阶段的资格考试，目的在于推动终身学习。要获得学士学位，必须通过四个步骤的资格审查。第一阶段是通识课的认定考试，通过该考试就说明学习者达到了等同于普通高校通识课的水平。第二和第三阶段分别是专业基础课和专业必修课考试，这两类考试与普通高校的考试相似。学士学位国家考试有以下9个专业：韩语语言与文学、英语语言与文学、工商管理、法律、公共管理、幼儿教育、家政学、计算机和护理。最后一阶段是综合考试，测试要获得学位所应具备的能力和专业知识。通过所有四类考试后，即可获得学位。如果没能通过所有考试或中途退出，已获得的学分也可以得到认定。

（3）韩国学分银行的第三类先前学习认定：重要无形文化遗产的传承。韩国的文化遗产管理局向来支持重要无形文化遗产的保护和传承。然而，由于当代生活方式的舒适和改变，保护重要无形文化遗产变得越来越艰难了。当某些文化领域的大师过世后，这些领域的文化遗产也会随之消亡。尤其是向年轻一代传授韩国文化遗产的行为不能被算作正规教育，学徒们仍然不得不去上大学，更加速了重要无形文化遗产的消亡。为了解决这样的问题，学分银行把通过传统师承教育获得的学分认定为正规教育的学分。由于重要无形文化遗产共有119种，因此，学分银行相应地开设了119个专业和7个不同类别的学位：传统手工艺、传统音乐、传统表演、传统舞蹈、传统酿酒、传统烹饪和传统武术。学分银行给拥有该领域最高技能的大师们等同于文学学士学位的学分。师承教育各个阶段认定的学分由上到下依次是助教、完成学习者、学徒和学习者。

（4）韩国学分银行的第四类先前学习认定：完成高校非全日制课程。对完成非全日制课程进行认定的机制能使任何高中毕业的人无须通过正规的高校申请过程，都可作为业余学习者接受大学教育。在高校的学习将得到学分银行的认定。

（5）韩国学分银行的第五类先前学习认定：获得大学或大专学分认定。对于那些从普通高校中途辍学的学生，他们在高等教育机构完成的课程，学分银行将予以承认，并赋予相应的学分，以便他们可以继续进行学习。如果想改变专业，也仅需再补上部分课程，无须全部重新开始，这样不仅节省了学习者的时间和预算，也可以让他们选择一些高级课程。

中国继续教育学习成果的认证、积累与转换制度建设尚处于探索阶段，需要充分了解和借鉴国际经验，同时也要认真分析中国各级各类教育的现状。实现各个类型的互通存在一定的瓶颈。从长远角度来看，要从国家层面建立一个统一的、面向终身学习的学习成果认证的框架，以便实现各级各类教育内部及它们之间的互通，从而达到学历继续教育内部、学历继续教育与非学历继续教育之间的互通。此外，要着重尝试对学习成果认证的规则、学分积累与转换的规则、工具等方面进行建设，充分考虑采用"分步走"或"不同取向的路径"等方式，建立中国特色的继续教育学习成果认证、积累与转换制度，实现不同类型学习成果的互认和衔接，搭建终身学习的"立交桥"。同时，要加强国际合作，追踪各国改革动向，把握世界继续教育发展趋势，在融汇中共享发展的经验，促进继续教育的改革与创新。

[第六章]

继续教育改革的重大举措与实践

党的十八大指出：要积极发展继续教育，完善终身教育体系，建设学习型社会。党的十八届三中全会指出：要推进继续教育改革发展。进一步推动继续教育改革发展，根据 2010 年颁布的《教育规划纲要》，要搭建终身学习"立交桥"，促进各级各类教育纵向衔接、横向沟通，提供多次选择机会，满足个人多样化的学习和发展需要；健全宽进严出的学习制度，办好开放大学，改革和完善高等教育自学考试制度；建立继续教育学分积累与转换制度，实现不同类型学习成果的互认和衔接。2013 年，在国家层面和各省区市层面，都对开放大学建设、继续教育学习成果认证进行了积极探索，取得了初步成效。

一、积极探索开放大学建设之路

2012 年 6 月，教育部决定在中央广播电视大学的基础上组建国家开放大学。2012 年 7 月 31 日，国家开放大学在人民大会堂正式揭牌成立，在成立大会上同时宣布北京广播电视大学、上海电视大学更名为北京开放大学、上海开放大学。两所学校分别立足于地方，服务地方经济发展和城市发展。同年 12 月，江苏开放大学、云南开放大学、广东开放大学成立。六所开放大学的相继成立，拉开了我国开放大学建设的序幕，标志着我国广播电视大学进入了转型发展的新的历史时期。

（一）国家高度重视开放大学建设

开放大学蕴含着极大的教育价值和社会价值，具有深远的历史意义和广泛的未来可能性，因此，得到了各级政府和社会各界的高度重视。

2012 年，教育部批准在中央广播电视大学基础上建立国家开放大学，明确国家开放大学是教育部直属的，以现代信息技术为支撑、主要面向成人开展远程开放教育的新型高校。国家开放大学坚持非学历继续教育和学历继续教育并举。学校以课程为单位建设学习资源，充分利用高校优质教育资源，促进学习资源的共建共享。积极推进学分银行建设，通过建立学习成果的互认和学分的累积与转换制度，探索搭建终身学习"立交桥"。教育部党组审议通过的《国家开放大学建设方案》指出，国家开放大学的历史使命是"适应国家经济、社会发展和人的全面发展的需要，促进终身教育体系建设，促进全民学习、终身学习的学习型社会形成"。战略目标是"经过 10 年努力，把国家开放大学建设成为我国高等教育体系中的一所新型大学；世界开放大学体系中富有中国特色的一流开放大学；我国学习型社会的重要支柱"。基本思路是"以促进学习型社会形成为宗旨建设国家开放大学""以现代信息技术为支撑建设国家开放大学""以改革创新为动力建设国家开放大学""以'立足长远、兼顾现实、平稳有序、扎实推进'为工作方针建设国家开放大学"。根据国家开放大学的建设规划，着重开展四项改革探索。一是要探索注册入学、弹性学习、宽进严出的教育制度；二是以网络核心课程、网络学习空间、网络教学团队、网络学习测评、网络支持服务、网络教学管理为建设重点，实现技术与教育的深度融合；三是探索实施学习者基于网络自主学习、远程学习与面授相结合的新型学习模式，大力开展职业培训、社区教育、老年人教育和公民素质教育；四是以学分银行建设为抓手，实现各种学习成果的认证、积累与转换。

2012 年 7 月 31 日，在国家开放大学正式揭牌成立大会上，中共中央政治局委员，国务委员刘延东为国家开放大学揭牌并发表题为《努力办好中国特色开放大学》的重要讲话。她强调，要以现代信息技术为支撑，整合共享优质教育资源，创新教育教学模式，办好中国特色的开放大学，为社会成员提供更加灵活便捷、公平开放的学习方式和多层次、多样化的教育服务，为建设学习型社会和教育强国、人力资源强国做出积极贡献。

刘延东认为，作为开放大学前身的广播电视大学，自成立以来，得到了党中央、国务院历届领导人的高度重视。经过 30 多年的发展，我国初步建成了以广播电视大学为主体、覆盖城乡的远程高等教育办学体系，培养了各行各业大批应用型专门人才，对促进人的全面发展和国家现代化建设发挥了重要作用。一是建成了一个覆盖全国城乡的远程开放教育办学系统；二是形成了社会广泛参与的开放办学体制；三是为社会培养了大批应用型专门人才，累计培养了 950 多万本专科毕业生，开展非学历继续教育培训 6000 多万人次；四是发挥了缩小教育差距、促进教育公平的重要作用。刘延东表示，当今世界，教育正在发生深刻变革，从局限与封闭的校园向融入社会转变，从只关注学龄阶段的教育向重视终身教育、为人的终身学习和发展服务转变，从只关心少数人的教育向重视全民教育转变，从只关注专业教育向重视多样化教育转变。开放教育已经发展成为世界性的趋势和潮流，是一种历史的选择。今天的开放大学不是广播电视大学的简单翻牌，而是在新的历史起点上，为适应经济社会发展需要和人的全面发展而进行的一次重大战略转型。完成好新使命新责任，开放大学任重道远。刘延东强调，建设开放大学要坚持科学定位，突出办学特色，强调面向人人，实现校园教育向社会教育延伸，实行学历继续教育与非学历继续教育并重，通过学分积累和转换等方式建立与普通高校有效对接的"立交桥"。要深化办学模式和人才培养模式改革，建立严格而有弹性的教学管理制度和宽进严出的学习制度，使注册、学习、考试更加灵活方便，健全质量标准和保障体系，全面提高教育质量。要推进信息技术与教育教学深度融合，完善以学习者为中心、基于网络自主学习、远程支持服务与面授相结合的教学方式，创建友好的数字化学习环境。要加快推进优质教育资源共建共享，着力扩大优质资源的种类、总量和覆盖面，为各类人群特别是基层学习者提供更好更多的教育服务。要加强国际交流与合作，吸收先进理念和成功经验，不断提升办学水平和国际影响力。①

刘延东的重要讲话明确了开放大学的地位，与此同时，明确了开放大学的历史使命和重大责任，为国家和各省区市建设开放大学指明了方向。

（二）积极探索开放大学办学模式

自国家开放大学及 5 个省区市开放大学相继成立以来，各开放大学积极按照教育部的统一部署，结合自身实际，通过顶层设计，对开放大学的办学理念、办学定位、组织体系、运行机制等进行了积极探索。

1. 明确办学定位

办学定位是一所学校办学理念和办学目标的集中体现，是如何办学和如何办好学的纲领和指导方针、指导思想。各开放大学高度重视办学理念和办学定位的提炼和提出，注重办学理念和办学定位的科学性、统领性和指导性，结合各自实际，提出了不同的办学理念，明确了办学定位。

国家开放大学提出了"开放、责任、质量、多样化、国际化"的办学理念，大力发展非学历继续教育，稳步发展学历继续教育，推进现代科技与教育的深度融合，搭建终身学习"立交桥"，适应国家经济社会发展和人的全面发展需要，促进终身教育体系建设，促进全民学习、终身学习的学习型社会形成。努力把国家开放大学建设成为我国高等教育体系中的一所新型大学；世界开放大学体系中富有中国特色的开放大学；我国学习型社会的重要支柱。作为新型大学，承担办学和社会化服务两大任务，既要面向社会大众办学，推进我国高等教育的大众化和普及化，又要建成全民终身学习的大平台，为建设终身教育体系和学习型社会服务。

上海开放大学提出，学校的办学宗旨是"为了一切学习者，一切为了学习者"，面向社会全体成员，围绕"人人皆学、时时能学、处处可学"的目标，通过遍及全市的办学系统，为学习者提供便捷、灵活、丰富的教育服务。学校的校训是"有教无类，乐学致远"。学校的人才培养目标是培养具

---

① 何菁. 一所新型大学：国家开放大学成立 ［EB/OL］. （2012-08-01）［2014-12-21］. http://dianda.china.com.cn/news/2012-08/01/content_ 5207484. htm.

有自主学习和终身发展能力的应用型专业人才。根据国家教育体制改革和上海学习型社会建设的要求，学校明确了"开放+平台+系统"的新型大学特征。在坚持两个一切办学宗旨和"有教无类，乐学致远"校训的基础上，确定了培养"具有自主学习能力和终身发展能力的应用型专门人才"的培养目标。以开放大学标识为基础，完成开放大学的整体形象和品牌设计。

北京开放大学秉承"开放、一流"的办学理念，以推动高等教育向开放、灵活、全纳、终身转型为宗旨；致力于教育公平，将优质的高等教育送到每个向往提升自我、发挥潜能、追求进步的公民身边，促进全民学习、终身学习；致力于共创共享，积极促进各类优质教育资源的整合，建设高质量的高等教育教学资源，并努力推动资源的共享；致力于技术引领，灵活运用信息技术降低办学成本、革新教学模式，优化教学内容；致力于教学创新，将优质的教学内容以适宜的形式服务于学习者，使其学有所教、学有所依、学有所获。

2. 完善治理体系

治理体系是一所学校正常运转和健康发展的组织基础，各开放大学积极致力于治理体系建设，构建了不同于以往广播电视大学的新型治理体系。

国家开放大学以治理体系和能力建设为核心搭建制度框架，完善学校内部治理结构，逐步形成面向社会自主办学、自我发展、自我约束的制度体系。从部委、行业企业、相关高校和各分部、学院中遴选专家，成立国家开放大学质量保证委员会、学位评定委员会和学术委员会。研究、探索成立理事会等组织，建设科学决策机制和民主监督机制。修改、完善学校相关办学制度、管理制度、教学制度等制度文件。按照国家开放大学的办学宗旨、使命、任务，以及办学和管理职能，对总部机构设置进行改革、重构，进一步梳理业务流程，理顺部门职责，提高工作效率和水平，深入推进综合改革，包括人事管理制度、薪酬制度等的改革。

上海开放大学成立了以分管副市长为主任、19 个委办局领导为委员的上海开放大学校务委员会。校务委员会明确了学校定位、发展战略等，并从专项经费、人员编制和校园拓展等方面为学校发展提供了有力支持。与此同时，按照党委领导、校长负责、专家治学、民主管理的现代大学制度要求，学校建立了党政联席会议制度，成立了上海开放大学学术委员会、学位评定委员会、教学指导与质量保障委员会、教学资源建设综合协调领导小组等（见图6-1）。

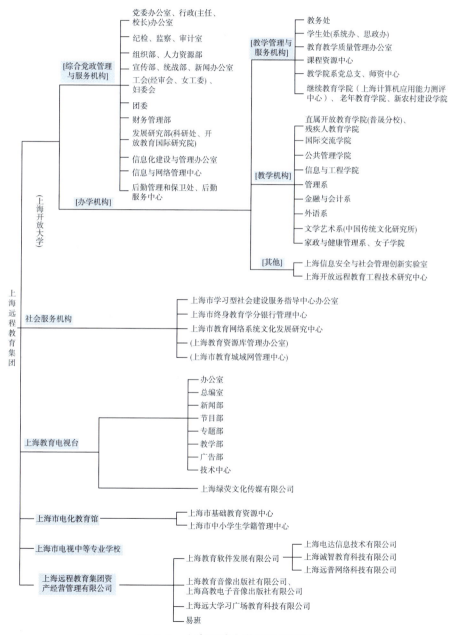

图6-1　上海开放大学组织结构图

3. 调整运行机制

运行机制是开放大学是否能运行和运行是否顺畅的可靠保障。有了组织机构，如果运行机制不畅，那么，开放大学建设也将寸步难行。为此，各开放大学根据各自实际，积极从顶层设计了开放大学的运行机制。

以国家开放大学为例，其体系内部实行总部、分部两级管理体制，按照"统一战略、共同平台、资源共享、相对独立、各具特色"的原则运行。

（1）统一战略。国家开放大学体系秉持共同的使命、战略目标、发展任务、质量标准和价值追求，遵循相对统一的基本制度、政策（包括学习制度，专业、课程建设，学习成果认证，资源共建共享，质量标准和保证体系等）。

（2）共同平台。国家开放大学是各分部、学院、学习中心的公共平台。国家开放大学充分利用现代信息技术，搭建技术先进、功能强大、四通八达，集教学、科研、管理、服务于一体，能够满足教学、科研、服务和学分认证需要的网络平台。各分部可搭建与国家开放大学网络平台相融相通的网络应用平台。国家开放大学网络平台也是社会公共服务平台，为全体社会成员和相关高校、继续教育机构提供教育服务和教育支持。

（3）资源共享。国家开放大学推进网络平台与优质教学资源的共建共享，提高质量，扩大规模，降低成本。出台相关政策，鼓励各方参与数字化学习资源共建、基于网络的专业和课程教学团队及科研团队共建。分期分批在分部设立若干数字化学习资源分中心，实现学习资源共建共享，并向社会开放国家开放大学数字化学习资源。

（4）相对独立。各分部根据本区域经济社会发展需要和基本条件，自主制定相关改革发展政策，设置学院、学习中心，大力开展非学历继续教育。按照国家开放大学"错位发展"的原则，建设特色专业和课程。达到建设标准的专业和课程可上升到国家开放大学平台，面向全国招生。国家开放大学已有的专业，各分部充分利用，不再进行重复建设。

（5）各具特色。鼓励各分部、学院、学习中心根据所在区域经济社会发展的需要，探索形成各自的办学特色。在非学历继续教育方面，积极利用国家开放大学办学网络、学习资源和培训项目，自主开展各种有针对性的教育培训服务。

与此同时，为实现国家开放大学的历史使命和社会价值，促进学习型社会形成，充分利用社会优质资源，国家开放大学成立四大支持联盟：与国内若干所大学合作，成立大学支持联盟，依托其师资、专业、课程资源优势，全面促进国家开放大学建设；与若干行业协会、大型企业、中心城市合作，成立行业支持联盟、企业支持联盟和城市支持联盟，利用各自资源和优势，大力开展各类职业技能培训、社区教育、公民素质教育，推进学习型行业、学习型企业和学习型城市建设。

4. 搭建服务平台

各种服务平台是开放大学运行的支撑。各开放大学积极搭建各种服务平台，努力为学习者提供全方位的服务平台。

如国家开放大学，积极致力于探索科技与教育的深度融合，推进教育创新，提升办学能力、教育质量和管理水平，促进优质教育资源社会成员共享和教育公平。依托高水平 IT 企业，建造远程教育云平台。依托高水平网络运营机构，借助虚拟专网、互联网、移动通信网和卫星网等，实现总部与分部安全、高速互联。依托高水平终端生产企业，研发国家开放大学移动互联学习终端，促进社会成员的泛在学习。通过"造云、借路、建端"，搭建强大的远程教育信息化支撑平台，为用户提供学习支持与服务。

与此同时，利用国家开放大学网络平台和数字化学习资源库，开设网上大讲堂，向全体社会成员提供形式多样、内容丰富的网络讲座、公开课，提升公民科学文化素质，满足社会成员多样化、个性化的学习需求。为普通高校、中高职院校、社会培训机构、行业企业、城乡社区提供包括远程学习支持、相关教育培训、信息咨询等各类公共服务。与相关国际组织、大学和机构开展针对性、多层次、宽领域的教育交流与合作。加强基于网络的孔子学院建设，大力推进对外汉语教学，促进中华文化走向世界。

上海市开放大学在上海市教委、市学习办的领导和指导下，根据上海终身教育体系和学习型社会建设要求，建设"五大平台"，不断强化服务功能。

一是建设上海市学习型社会服务指导中心，形成服务指导平台。自2007年成立以来，上海市学习型社会服务指导中心长期协助市教委推进学习型组织建设、社区教育发展和市民终身学习活动。2013年，组织开展28个街镇的上海市学习型社区创建达标评估工作，以及63个上海市优秀社区学习团队评选工作，推进社区教育队伍建设，推进了社区教育10个专题课程联合教研室的建设。组织开展"阅读网上书，放飞中国梦"读书活动、"乐学申城·精彩人生"家庭才艺大赛和为期三年的"建智慧城市、做智慧市民"社区教育培训项目等市民终身学习活动，其中上海社区网上读书活动有45.9万人次参与，并被评为"上海市振兴中华读书活动30周年十佳读书活动项目"。

二是建设上海市终身教育学分银行，形成学分认证与转换平台。经过两年的准备和前期建设，2012年7月，上海市终身教育学分银行正式开通运行。市教委将学分银行管理中心设在上海开放大学。目前，学分银行已建成由21个区县分部和68个高校网点组成的全市性学分银行服务网络。截至2013年12月，学分银行实名制开户达41.15万人，为1.96万名学习者实现了学历继续教育学分转换。目前，学分银行可为469个职业培训证书转换学历课程学分，实现社区教育文化休闲课程认证1658门。

三是建设上海学习网，形成市民网上学习平台。上海开放大学受市教委委托负责承建和运行上海学习网。上海学习网通过技术融合，打通各类学习平台，将各区县、其他教育学习网站的内容统一汇聚在上海学习网大门户中，形成各级各类学校和教育机构共同参与的终身教育学习网络和服务门户，为全市学习者提供全方位、个性化的学习服务网上学习平台。2013年，上海学习网与长宁、徐汇、闸北、杨浦、静安以及浦东新区等区县学习网实现了互联互通，注册人数超130万人，总点击量超过1.32亿人次。

四是建设上海终身教育资源库，形成数字资源平台。上海开放大学受市教委委托承建和运行上海终身教育资源库。目前，资源内容涉及基础教育、高等教育、职业培训和休闲文化教育等领域。近年来，上海开放大学丰富了职业培训和社区教育休闲文化教育资源内容，受到了市民学习者的欢迎。截至 2013 年 12 月，上海教育资源库的资源容量达 15T，注册人数超过 216 万，总访问量达 3.9 亿人次。

五是建设上海教育城域网主节点，形成宽带网络平台。学校建设了覆盖全市各分校、教学点的宽带城域网。城域网实现万兆主干带宽，百兆到桌面，所有的教学、办公等区域实现无线覆盖，并参与上海高校跨校联合认证联盟。此外，上海开放大学成为上海教育城域网 8 个主节点之一，并与 5 个二级汇聚点（浦东、长宁、松江、黄浦、宝山）、41 个三级接入点（分校）联通，组成上海开放大学城域网。

5. 注重建章立制

制度是开放大学顺利运行和健康发展的根本，各开放大学都非常重视制度建设，建立了一系列规章制度，有效保障和推动了开放大学的发展。正在制定的《国家开放大学章程》力图明确开放大学的性质、地位和功能；规定办学要素的标准和相应的学位授予权；确定国家开放大学的组织构架和治理结构，明确国家开放大学与地方开放大学的关系，以及各级政府在建设、发展开放大学中的责任；明确政府经费投入的渠道和标准、国家与学习者成本分担的原则和学校获得项目经费与研究资助等多种经费的渠道，以及对重要基础设施建设和对中西部贫困地区的扶持政策；明确其办学和服务的双重功能，提出为终身学习以及其他远程教育机构进行社会化服务的任务、途径和方式，以及引入市场机制的政策导向，为新机制的运作提供法规保证等。

上海开放大学根据教育部的规定和开放大学的建设要求，研究并制订了《上海开放大学章程》。在此基础上，先后制订了《上海开放大学学科专业建设规划（2013—2020）》《上海开放大学本科人才培养方案指导意见》《上海开放大学本科专业建设指导意见》《上海开放大学学位评定委员会章程（试行）》《上海开放大学学士学位授予工作实施细则（试行）》《上海开放大学关于教学教务整体战略转型的实施意见（2013—2014）》《上海开放大学关于全面提高开放教育质量的实施意见》《关于进一步推进上海开放大学系统建设的若干意见（草案）》等规章制度。

（三）开放大学建设初显成效

总体来看，经过扎实工作，各开放大学的建设取得了初步成效。具体而言，一是明确了办学理念和定位；二是构建了新型组织结构体系；三是建立了新型的运行机制；四是搭建了现代服务平台；五是推动了学分银行建设。尤其重要的是，各开放大学采取各种举措，推动了广播电视大学向开放大学的整体转型。

仅以上海开放大学为例。上海开放大学不断深化教育教学改革，推进"四个转型"，提升办学能力，着力在质量、水平、特色上提升学校内涵，努力推动教育目标、教学内容、教学方法、质量管理从传统广播电视大学到开放大学的整体战略转型。

一是促进教育公平，推动教育目标的转型。上海开放大学将培养适应上海经济社会发展需要的应用型专门人才的目标与市民终身发展要求相结合，坚持非学历继续教育和学历继续教育并举，扩大教育机会，拓展成才渠道，促进教育公平。

2013 年，学校招收本专科生达 37173 人，使学历继续教育规模继续保持在 10 万人次以上；非学历继续教育规模达 50 万人次。学校探索单科注册入学试点，首批开放 112 门课程，已有 3312 名学员注册学习；启动中职—大专"立交桥"试点，与 16 家中等职业学校完成对接，成功招生 2779 人。

学校扩大对特殊人群的教育服务。目前，外来务工人员占学历继续教育在校生的 33.5%，面向全市的"进城务工人员融入上海"主题培训服务平台已经启动建设。学校与市残联共建残疾人教育学院，学历继续教育在校生为 1310 人；与上海老年大学合作共建老年教育学院，招收学历继续教育学员 166 人；搭建上海老年学习网，注册学习人数已达 42.68 万。学校与市监狱局合作建设的普晟分校，学历继续教育和非学历继续教育已在全市 13 所监狱全面铺开，现有 858 名服刑人员接受中、高等教育。

二是对接社会需求，推动教学内容的转型。上海开放大学根据应用型专门人才培养目标和市民多样化的学习需求，不断强化教学内容的应用性和实用性，提升教学内容的质量和水平，努力为广大学习者提供多样化的学习选择。

根据上海城市发展对紧缺人才的需求，上海开放大学与复旦大学、华东师范大学、上海海洋大学、上海行政学院等高校签署全面战略合作协议，聘请38名国内一流专家担任顾问和兼职教授，建设软件工程、机械电子工程、城市公共安全管理三个专升本专业。目前，在上海市学位办、市教委的领导下，上海开放大学初步制定了《上海开放大学本科新专业检查评价标准》《上海开放大学申请增列学士学位授予单位审核评价指标》《上海开放大学申请增列学士学位授予专业审核评价指标》三个指标，为上海开放大学的建设发展及专业课程建设提供了指导。为了推进专业培养目标与职业岗位要求的对接，学校与企业合作设计专业教学计划的"企业模块"，完成23个专科老专业的改造，制订完成三个"中职—大专"五年一贯制计划，开展市人保局职业资格证书与学历专业课程的"双向融通"试点。

学校建设高质量的专业课程和学习资源，邀请普通高校专家开发本科新专业课程50门，共计1362课时教学视频。围绕课程教学重点和难点建设微课1000个，从院士中心引进46期精品讲座。此外，学校启动英国开放大学优质课程引进项目，首批课程为9门。

为了方便学习者选择学习内容，学校各专业课程均采用模块化设计。每个专业都设有公共课、学科基础课、专业课、综合实践、（专业）补修课、职业资格证书等课程模块，每个课程模块均设有必修课和选修课（职业资格证书模块除外）。各课程模块只设最低选修学分，学生可以跨模块选课。

三是加强深度融合，推动教学方法的转型。上海开放大学以现代信息技术为支撑，制定上海开放大学2013—2015年信息化建设规划，运用新技术，建设上海开放大学云计算平台。学校推进的网上课堂建设已全面覆盖学校现设的46个本专科专业。学校持续优化网络学习平台功能，已开展动漫设计等专业的全网上教学试点，共有53门课程实现网上形成性考核、40门课程实现网上终结性考核，预约考试系统将于2014年开通。学校探索网上互动学习和移动学习的支持服务方式，启动 2 门课程的移动学习试点。全面开通网上教学"在线客服"，学生满意度达 95% 以上。

为了加强实践教学，学校一方面配合专业教学积极筹建校实验中心，同时扩大对外合作，共享全市实验、实训资源；另一方面大力发展网上互动虚拟实验教学。目前建成电工实验室、电子实验室等 7 个实验室，18 个网上虚拟实验室，40 个网上互动仿真实验室，与 86 个校外实验基地签订了共享协议。

此外，学校不断强化特色科研以支撑教学改革实践。如学校与华东师范大学共同创建博士后创新实践基地，合作培养高层次人才，积极推进信息技术与教育教学的深度融合；获上海市批准建设上海开放远程教育工程技术研究中心，创设开放教育数字化实验室；与复旦大学共建信息安全与社会管理创新实验室，成功申报上海市社会科学创新研究基地。

四是坚持宽进严出，推动质量管理的转型。上海开放大学始终把质量视为学校生存与发展的生命线，坚持把开放教育质量管理作为系统工程来推进。2013 年，学校颁布和全面贯彻《上海开放大学关于全面提高开放教育质量的实施意见》（以下简称《实施意见》）。全系统树立了科学的开放教育质量观，强调以人才培养为核心，注重学生的自主学习能力与职业发展能力的培养，注重教学过程与实践应用。文件明确了学校全面提高开放教育质量要实施的六项主要任务（包括提高质量意识、坚持学科和专业内涵发展、提升课程与资源建设水平、加强教学过程管理、加强学风建设、加强质量监测与评价工作等），以及要实行的五项保障措施（包括完善教学指导与质量保障的组织机构、健全教学质量保证与评估体系、推进人才队伍建设、完善办学系统和支持服务系统、推进信息技术与教育教学的深度融合等）。

《实施意见》印发后，学校积极推进并指导系统各分校制定相应的实施细则，使系统教学质量保障以及教学运行与保障的建设整体推进并落到了实处。学校还修改制订了《上海开放大学教学事故认定与处理暂行办法（试行）》，提升系统全员的质量意识和责任意识。

学校针对专业设置与建设、课程与资源建设、教学组织与实施、教学支持服务、学习测评等教学运行过程制定和完善了质量规范，按照教学运行的流程，探索设立教学质量监控点，设计开发了教学动态数据采集与分析系统，加强网上教学质量的监控。

学校贯彻"六个统一"原则，即统一培养目标、统一质量标准、统一教学管理、统一师资培训、统一资源供给、统一测评考试，确保系统办学的质量和水平。学校加强教学督导和考评激励机制建设，坚持每学期组织复旦大学、同济大学等校内外学科专家开展阅卷质量抽查。2013 年抽查了86 门自命题课程，共 214 套试卷，完成了 32 门课程的阅卷质量抽查工作，合格率为 96.9%。

与此同时，上海开放大学的国际影响进一步扩大。上海开放大学 2011年获准加入教育部"中非高校 20+20 合作计划"，2013 年启动非洲远程教育理事会（ACDE）成员国开放大学教师研修项目，已有 12 位非洲学者来校访问。该项目得到了中国教科文组织全委会的充分肯定。同时，学校成功举办首届国际学生夏令营活动，共有来自 12 个国家和地区的 24 名开放大学学生参加。

（四）开放大学建设积累了宝贵经验

各开放大学积累了宝贵的建设经验，对其他省区市的开放大学建设以及全国开放大学建设具有重大借鉴意义和价值。

一是开放大学的建设需要省区市领导统筹进行。构建终身教育体系和建设学习型社会是社会系统工程。开放大学服务于终身教育体系和学习型社会建设，需要依托省区市领导的统筹，否则该工作将难以正常进行。比如，在市委和市政府的关心和支持下，上海开放大学成立了由分管副市长和 19 个委办局负责人组成的校务委员会。校务委员会统筹协调解决了人员编制、经费投入、校舍拓展和社会资源整合等重大问题，为上海开放大学的建设和发展创造了十分有利的条件和环境。

二是开放大学的探索需要教育思想的统领和指导。办好开放大学，关乎社会民生，涉及诸多改革，需要教育思想的统领和指导，各开放大学积极挖掘教育理论和思想，并切实运用教育理论和思想指导开放大学的建设。如上海开放大学坚持"服务上海经济社会发展、服务学习者终身发展"的方向，努力践行"为了一切学习者，一切为了学习者"的办学宗旨，把上海开放大学的前途命运与上海城市发展、市民生活幸福紧密结合在一起，从而在艰难的战略转型中获得了政府、社会和广大学习者的广泛支持和帮助。

三是开放大学的声誉需要"宽进严出"学习制度的保障。社会需要开放大学创造更多的学习机会和通道，更需要开放大学提供优质的教育、培养优秀的人才。因此，开放大学的声誉需要"宽进严出"学习制度的保障。上海开放大学为学习者创设了专业注册入学、非学历注册入学和课程注册入学等"学习入口"，同时，学校坚持质量标准，为学习者创设了单科结业、证书结业和专业毕业等多种"成才出口"。"宽进严出"学习制度的建立，不仅为广大学习者提供了开放、多样的学习选择，也充分保障了他们的学习权利，使开放大学成了上海市民终身学习最受欢迎的选择。

（五）开放大学建设面临新任务、新挑战

国家开放大学和相应的省区市开放大学已经得到批准建立，但这只是万里长征的第一步，未来的路还很漫长，还面临着许多新任务、新挑战。总体而言，可能面临以下新任务和新挑战。

一是优化开放大学战略规划。稳步发展学历继续教育，积极发展非学历继续教育。跟踪和把握各类学习者需求的动态变化，尤其是与在职人员岗位能力提升相关的学习需求，推进开放大学办学重心从学历补偿教育为主转向学历补偿与大学后继续教育并重。

二是深入推进专业和课程建设。吸收社会优质资源，推进开放大学特色的人才培养方案设计和专业课程建设。促进专业人才培养目标与职业资格标准的沟通、本科与专科的衔接、中职与大专的贯通，增强人才培养的针对性和实用性。

三是深化教学模式改革。探索移动学习、全网学习等教学、管理以及支持服务实践。推进实践教学的模块设计，完善实践教学条件，探索以岗位为背景的实践教学。探索多元化的课程考核评价体系和实施方式，推进网上形成性考核、网上终结性考核和预约考试系统。完善学籍管理制度，开展随时注册入学、随时毕业的学籍管理制度的研究。

四是实施教育教学质量全面管理。制定质量管理实施细则，梳理重要的教育教学质量因子，完善质量监控体系，开展质量评价和社会第三方评估。

五是优化学校体制机制。推动开放大学运行模式转型，全面加强专兼职教师管理，加强全系统教师队伍的规划、考核激励和统筹共享。

六是强化和提升服务功能。开放大学要在学习型社会建设和终身教育体系构建中发挥重要作用。积极推进远程开放教育办学系统和学习型社会建设服务指导系统的建设，努力成为终身教育体系的主干。加强学习型社会服务指导中心、终身教育学分银行、学习网、终身教育资源库、教育城域网核心节点建设，努力使之成为人民满意与喜爱的终身学习平台。

二、积极开展学习成果认证、积累与转换制度的研究与实践

2010 年，国务院颁布的《教育规划纲要》对"搭建终身学习'立交桥'"提出明确的思路，"促进各级各类教育纵向衔接、横向沟通，提供多次选择机会，满足个人多样化的学习和发展需要""建立继续教育学分积累与转换制度，实现不同类型学习成果的互认和衔接"。

我国一直强调要建设学习型社会、构建终身教育体系，但一直没有一个健全的制度来推动终身教育体系和学习型社会的落地。而学分银行机制无疑是一个很好的抓手和推进器，它通过建立具有社会公信力的资历框架和标准体系，创设打破常规学习成才途径和方式的横向沟通、纵向衔接的"立交桥"，使整个社会都得到激励，从而为全民学习、终身学习的学习型社会建设和人力资源强国建设提供强大的助力。即便是在偏远的地区、即便是基于岗位的锻炼成果都能被认证、积累与转换。

为贯彻落实《教育规划纲要》的战略部署，进一步探索建立继续教育不同类型学习成果认证、积累与转换的制度与机制，搭建人才成长"立交

桥"，全国各地开展了一系列研究和探索，一些地方和高校进行了富有价值的改革尝试。比较有代表性的是国家开放大学的"国家继续教育学习成果认证、积累与转换制度的研究与实践"；由北京师范大学牵头，华东理工大学、北京交通大学、华南师范大学、浙江大学、北京外国语大学等高校和机构参加的"高等学校继续教育课程学分标准及质量内涵和学分转移制度与机制的研究及应用"；上海市、江苏省开展的终身教育学分银行建设探索等。这些研究和实践为构建我国继续教育学习成果的认证、积累与转换制度提供了宝贵的经验，为推动我国继续教育学习成果的认证、积累与转换做出了积极贡献。

（一）学分银行研究取得突破性进展

2012 年，在教育部支持下，国家开放大学启动了"国家继续教育学习成果认证、积累与转换制度的研究与实践"项目，开展了继续教育学习成果框架建立、制度建设、认证单元标准和体制机制等方面的系统研究。该项目由国家开放大学牵头，40 余个部委、高校、企业共同参与实施，各方力量协同创新，共同推进。

该项目的目标在于通过国内外学分认证、积累与转换的比较研究，对国家继续教育学分银行制度进行顶层设计，探讨我国继续教育学分银行制度的框架标准、方式方法、体制机制，为建立国家继续教育学分的认证、积累与转换制度奠定基础。项目采取理论研究与实践探索相结合的方式进行，理论研究部分包括国家继续教育学分银行制度构建研究、继续教育学习成果认证基准框架结构与规范研究、基准框架下继续教育学习成果认证单元标准研究和继续教育学习成果认证体制机制研究等四个方面的任务，对国家继续教育学分银行的框架、标准和规范、运行机制、实施途径、质量保证、政策保障、学习成果的认证标准与转换规则、国家学分银行课程单元标准等进行研究与设计。实践研究部分包括学历继续教育之间的学分互认、学历继续教育与非学历继续教育之间的成果转换以及非正式学习成果的认证等多个方面的探索。

该研究课题已经顺利结题，实践项目的各子项目也已经陆续进入评审验收阶段，项目的主体成果已经基本成型，整个项目进入全面收官阶段。

1. 完成制度顶层设计

为了使制度设计既符合国际相关制度发展的趋势，也适合我国国情，国家开放大学开展了大量的基础调研，其中国内外文献调研数量超过 5000 万字，并选派专人赴美国、加拿大、英国、中国香港等国家和地区进行实地调研，项目团队也分头赴全国各地进行实地调研。在基础调研后，研究者们重点选取了英国、澳大利亚、南非、韩国、欧盟、美国、加拿大、爱尔兰、新西兰、印度、日本、马来西亚、越南、香港和台湾等 15 个国家和地区进行了专题案例研究；对北京、上海、慈溪等地区开展的学分银行建设实践、各地高校间学分互认联盟开展的学分互认和转换实践进行了专题研究。

依据终身学习、学习成果导向和以学者为中心的理念，项目组成员借鉴国际相关制度建设的经验，结合我国国情，初步设计了制度架构模型，并针对制度架构模型在不同层面进行了包括教育部相关职能部门的官员、该领域的知名专家学者、相关部委、行业企业相关人员在内的研讨和咨询。通过研讨与专家咨询，项目组成员对制度架构模型进行了不断的修改和完善，同时，又对制度中涉及的关键问题进行了专项研究，包括国内外学分和学分制调查研究、学习成果认证框架研究、认证单元标准研究、相关政策法规研究、社会效益分析研究等。

在前期广泛深入研究的基础上，项目组成员已经基本完成了国家继续教育学习成果认证、积累与转换制度的顶层设计，形成了制度设计报告，对制度模式选择、制度架构、实施路径与方法、管理体制和运行机制、质量监控体系等方面进行了系统的阐述。初步探索出了以"学习成果+认证单元"为技术路线运营学分银行的模式，同步形成了"标准研制""课程开发""机构认证""协议联盟""认证服务""信息平台"等一系列可复制、可推广的实践模式。

2. 探索以学习成果框架为核心的制度模式

参照国际的主流趋势和我国实际国情，该项目组初步构建了以学习成果框架为核心的制度模式，明确了"框架+标准"的技术路径。学习成果框架是国家继续教育学习成果认证、积累与转换制度的核心，它是不同领域、不同类型学习成果转换、沟通与衔接的参照系，是国家资格框架的雏形，其要素主要包括学习成果等级、等级水平描述、学习成果的领域和类型等。标准体系是学习成果进行互认与转换的基准和标尺，标准体系包括基础标准（资格标准、认证单元标准、学分标准、转换规则等）和工作标准（业务规范、工作规程、工作流程）。参照学习成果框架，开发以职业、典型工作过程和岗位中所需要的能力为导向的不同行业领域的认证单元标准则是不同类型学习成果认证与转换的关键。国家开放大学自主研发了《标准制定指导手册》，并依据手册指导了 25 家部委、行业、企业、高校等标准制定机构，开发了涉及信息安全、物流、金融、教育、机械等领域的近千个认证单元标准，并且依据认证单元标准制定了 21 种职业资格证书（培训证书）及其与国家开放大学学历继续教育专业的转换规则，为下一步试点工作做好了准备。

与此同时，国家开放大学还注重充分发挥学分银行的纽带功能，把学分银行的机理积极融入开放大学改革转型的重大举措当中。2013 年 11 月，国家开放大学与中国煤炭工业协会、中国社会工作协会、中国物流与采购联合会等 13 个单位合作，成立了煤炭学院、社会工作学院、物流学院、纺织学院、机械工业学院、汽车学院、铸造学院、信息安全学院、循环经济学院、软件学院等 10 个行业学院，行业学院将参照学分银行制度模式及技术路径开展学历继续教育和非学历继续教育融通试点工作，搭建不同类型学习成果能够纵向衔接、横向沟通的"立交桥"。

3. 初步搭建制度运行的载体

为贯彻《教育规划纲要》"建立学习成果认证体系，建立'学分银行'制度"的精神，探索制度运行的载体建设，国家开放大学在 2013 年 7 月启动了学习成果认证服务体系建设试点工作，包括 5 家已获批准的地方开放大学、25 家广播电视大学在内的 50 家单位成了国家开放大学学习成果认证分中心（认证点）试点建设单位，初步建立起覆盖 30 个地区以及 17 个行业的学习成果认证服务体系。国家开放大学完成了学习成果认证服务体系组织架构设计，并且制定了学习成果认证中心的基本服务标准和业务规范。各试点单位在国家开放大学统一部署下，结合实际，开展了学习成果基础调研、学习账户和终身学习档案建立、信息服务平台需求收集、建章立制等基础建设工作，探索学习成果认证服务体系的建设、服务与管理模式和相应的运行机制。部分试点单位还积极利用自身资源，结合当地实际开展学习成果认证、积累与转换的实践探索。例如，甘肃分中心选取了医护人员继续教育学习成果、英特尔未来教育培训项目证书、普通话水平测试等级证书和教师资格证书等四类非学历证书进行了学分认证与转换的实践探索，并且结合当地干部在线教育为干部非学历继续教育学习成果进行了积累；青岛分中心为参加青岛教育局举办的全市中小学教师心理健康辅导员培训的 100 名教师建立了学习账户，并且对此次培训成果进行了认证与积累，市教育局将教师获取的学分和结业证书列入教师继续教育系列，作为教师年度考核的重要内容；安徽分中心为 40 名普通话测试等级证书获得者完成继续教育学习成果认证与转换的程序，为 22 名学员出具学分认证（存入）证明。

作为制度运行的另一个重要载体，国家开放大学学分银行信息平台建设也取得了重要进展。学分银行门户网站框架已经基本建设完成，学习成果认证标准库、终身学习档案库的建设模型也已完成设计。即将启动的信息平台一期建设将依托国家开放大学的云平台，打造一个能支撑学分银行业务模型及运行体系，集宣传门户、对外服务、业务交易、工作管理于一体的高效的信息服务系统。项目的实施得到了社会各界越来越多的关注，人力资源和社会保障部、人民银行、公安部、住房和城乡建设部、统计局等各大行业部委对项目在建设学习型行业、推进行业人力资源发展方面的作用给予了高度的认可，并积极参与项目实践。应该说，作为国家层面的研究与实践项目，国家开放大学着眼于国家学分银行的建设，对继续教育学习成果认证、积累与转换进行了系统的顶层设计和卓有成效的探索。

（二）学分银行在实践中逐步完善

从国内已经开展的学分银行建设实践来看，北京、上海、慈溪等地以及部分区域高校学分互认联盟都开展了学分互认和转换实践，但是由于没有国家层面的整体设计和统筹安排，相关实践探索基本都呈零散、局部、区域和自发状，缺乏具有公信力的统一标准和公共服务平台。近年来，一方面，国家开放大学投入大量的人力、物力开展学分银行研究；另一方面，各地方开放大学积极着手学分银行的实验和实践，取得了初步成效。

1. 建立组织体系

组织体系是学分银行建设的组织保障，没有合理的组织结构，学分银行就无法发挥组织功能。为此，各开放大学积极构建了学分银行组织体系。

上海市终身教育学分银行管理中心设在上海开放大学，同时在上海市17个区县设立了21个分部，为学习者办理开户、学习成果存入、学分认证等业务，并提供学分银行宣传咨询服务。高校网点是上海市终身教育学分银行组织体系的重要组成部分，是高校面向本校学生的学分银行业务受理处，分布在普通高校、成人高校等机构。截至目前，共有复旦大学、同济大学、上海交通大学等53所普通高校，以及上海市长宁区业余大学、上海市黄浦区业余大学、上海市经济管理干部学院等15所成人高校，和上海市自学考试办公室等机构加入。各网点都制定了本校（机构）学分转换的有关规定，并在学分银行信息化平台上公布，受理学习者学分转换申请，按本校学分转换规定办理学分转换。

江苏省建立了学分银行管理委员会（以下简称"管委会"）作为学分银行建设和管理的领导机构，由省教育厅及相关政府部门、有关高等院校的领导和专家组成，其主要职能是审定学分银行建设和发展规划方案，协调制定相关政策，对学分银行建设及日常工作进行宏观指导和管理监督。管委会下设办公室，管委会办公室在管委会领导下负责学分银行的日常工作。管委会办公室设在省教育厅社会教育处。学分银行设立专家委员会。专家委员会是学分银行的学术决策和仲裁机构，其主要职能是提供专业指导与政策咨询，审定专业课程、学分认证标准和转换标准。专家委员会下设若干专门工作组，负责论证和拟定学历继续教育与非学历继续教育学分认证与转换标准。专家委员会主任、成员由管委会聘任，聘期五年。管委会委托江苏开放大学利用现代网络技术构建"江苏终身教育学分银行"网络服务平台，并负责其日常的运行和维护工作。

2. 制定管理制度

没有规矩不成方圆，管理制度是学分银行顺利运行的基础和保障，各地相应为此制定了一系列管理制度。

上海市终身教育学分银行管理中心制定了《上海市终身教育学分银行学习成果认定、积累与转换办法（试行）》《上海市终身教育学分银行学习者用户操作手册》《上海开放大学学分转换系统用户操作手册》等规章制度；学分银行管理中心与上海教育软件发展有限公司合作建立了信息化平台运行维护的快速响应机制和学分银行信息化平台运行管理制度，制定了包括问题受理、问题处理、结果反馈和情况总结在内的工作流程；与上海远程教育呼叫中心一起，建立了学分银行咨询投诉接待受理制度。

其中，《上海市终身教育学分银行学习成果认定、积累与转换办法（试行）》是最为基础且十分重要的规章制度，该办法对学习成果认证的范围与程序、学习成果的积累与转换等进行了详细规定。根据规定，学习者接受学历继续教育、职业培训和文化休闲教育的学习成果经认证后可以存入学分银行，学分银行会为学习者建立以身份证号作为基本信息的学分银行账户和个人学习档案账户，并积累学习者存入的学分；学分银行积累的学历继续教育、职业培训和文化休闲教育三类学习成果中，同类学习成果之间、部分职业培训学习成果与学历继续教育学习成果之间，可按规定进行转换。

江苏省实施了账户注册和学分管理制度。学习者向学分银行申请开设学分账户，经登记注册后可获得相关学分管理服务。开设学分账户的学习者，按规定可以取得江苏开放大学学籍、注册学习江苏开放大学学历继续教育课程或非学历继续教育课程。同时，江苏省还鼓励和支持老年学习者在学分银行注册学分账户，并享受相应的学分管理服务。学分银行的学分包括学历继续教育学分和非学历继续教育学分，学历继续教育学分分为研究生课程学分、本科课程学分和专科课程学分。学习者通过下列方式获得的学分，可经学分银行认证记录为对应的学历继续教育课程积累学分：学习者在取得国家认证的普通高校（含普通高校举办的网络教育学院）或成人高校学籍后，在校学习期间获得的课程学分；学习者通过高等教育自学考试获得的课程学分；学习者在其他高等学历继续教育机构获得的课程学分，如服役期间在军事院校取得学籍后，在校学习期间获得的课程学分。

学习者获得的下列有效期内的非学历继续教育证书和成绩证明，所涉及的课程学分可经专家委员会认证并转换为学分银行相关学历继续教育对应的课程学分：国家级和省级水平测试类有关职业资格证书、行业岗位证书；通过国家级和省级考试获得的有关专业技能等级证书；与有关专业技术职务任职资格对应的国家级和省级考试科目合格证书；国家级和省级有关从业资格证书；国际通用的水平测试类有关考试的成绩证明；经学分银行专家委员会认证的其他非学历继续教育学习成果。

此外，在学分应用方面，江苏省规定江苏开放大学认可学分银行的学分作为学习者申请颁发江苏开放大学毕业证书和学位证书的依据，具体实施办法由江苏开放大学另行制定。江苏省内各普通高校、成人高校、自学考试机构以及资格证书颁发机构等，可将学分银行的学分作为学习者申请颁发相关证书的课程学习或培训的依据，具体办法由各校、各单位自行制定。

3. 构建标准体系

标准体系是学分积累、认证与转换的基础，没有标准体系，学分积累、认证与转换将无法进行。为此，各地在进行深入细致的研究的基础上，制定了相应的学分标准体系，为学分的积累、认证与转换奠定了基础。

仅以上海市为例，根据上海市终身教育学分银行公布的数据，上海市共发布了 609 门学历继续教育课程目录，给出了课程与专业的对应关系、职业培训等证书与课程学分认证的对应关系和课程简介等信息，为学分银行各高校网点制定学分转换规则和学习者进行学分转换申请提供指导与参考。提供的培训证书目录共对 723 种培训证书所对应的学分银行课程和高校课程进行了详细规定，以中国物流与采购联合会物流师证为例，其所对应的学分银行课程是第三方物流管理，所对应的上海商学院继续教育学院的物流管理专业的课程是采购与供应链管理，如果一个学习者获得了这一证书，那么他在读上海商学院的物流管理专业时，就可以根据该校所制定的学分转换规则将该证书转换成采购与供应链管理课程的学分。此外，学分银行公布了 3119 个文化休闲教育课程，学习者可以到课程开设单位学习，取得的学分由各区县社区教育学院、老年大学统一存入学分银行，学分作为激励市民终身学习的依据。上海学分银行还建立了 320 个非学历证书转换为学历继续教育学历的认证标准，实现了非学历证书与学历继续教育之间的学分转换。

（三）学分银行面临实践的考验

从国家开放大学和各省区市学分银行建设的情况看，有的进入了实践阶段，有的刚刚开始进行。国家开放大学开展的"国家继续教育学习成果认证、积累与转换制度的研究与实践"（国家学分银行）项目结题后，面临的一个很现实的问题就是建设试点、推进成果应用。其实，在该项目的研究和实践过程中，各行各业的人就已经对国家学分银行将产生的作用做了一些分析。有的学者认为，建设并实现各级各类学校和培训机构人才培养的有效融通、各级资格证书横向衔接的终身学习"立交桥"，是应用型人才培养及继续教育发展的重要途径，而基于学习成果框架实现不同类型学习成果认证、积累与转换的学分银行则是搭建终身学习"立交桥"的国际通行做法。还有的学者认为，学分银行的出现会对我国教育教学改革产生非常明显的冲击，通过推动教学改革，促进行业标准与教学的衔接。

显然，一方面，这是各行各业人士对国家开放大学学分银行项目目前所取得的成果的认可；另一方面，也是对国家学分银行的期待。当然，也会有人质疑，有人担心，可以肯定，国家学分银行的创建和发展是一项系统工程，是一个不断破解难题的曲折过程。从已经开始试运行的各省区市学分银行来看，其运行会遇到各种各样的困难和问题，这无疑是对各省区市学分银行的实际考验和挑战。未来，中国特色的学分银行建设有很多的障碍需要跨越，有很多的壁垒需要打破，还需要进一步加强相关法律和政策的支持，需要总结实践经验，搞好国家层面学分银行制度的顶层设计，需要搭建统一标准的公共服务平台，加快实现继续教育与其他各类教育间的相互沟通和融通。

第七章

加快发展继续教育的思考与对策

　　我国正处在经济转型和社会深刻变革的重要战略期和政策调整期，建设人力资源强国赋予继续教育新的内涵和要求，广大人民群众接受多样化、高质量继续教育的需求与日俱增，"上学难"的问题逐步得到了缓解，"上好学"的矛盾上升为关注的焦点；各级各类教育的数量和规模问题初步得到解决，质量和结构的问题日益突出；现代国民教育体系已经基本形成，中国特色终身学习体系还有待进一步发展和完善。随着社会经济的持续快速发展，国家加快发展继续教育、推进学习型社会建设，在应对信息化、全球化以及国家中长期教育发展规划的目标要求中，继续教育改革发展所触及的深层次矛盾逐步显现，各类继续教育形态都面临重新定位的新情况，转型发展势在必行，必须在发展重点、培养目标、办学模式、招生方式、管理体制、质量评价方式以及办学形式、学科设置、专业层次、结构布局和资源配置等各方面做出相应的变革和调整。

一、问题和挑战

（一）生源竞争加剧

　　长期以来，继续教育作为一种学历补偿教育，在教育资源稀缺的背景下，为推动教育普及化、大众化做出了积极贡献。随着我国高等教育从精英化走向大众化，由规模发展向内涵发展转变，人们接受高等教育的机会增多，对高等教育的需求发生了重大变化，继续教育学历补偿的特定任务渐近弱化，其生存空间受到挤压。普通高校连续扩招，高职院校放宽入门通道，民办高校快速发展，广播电视大学实行注册生制度，网络开放教育异军突起，各类高等教育机构群雄并立，竞争激烈，学历继续教育生源市场萎缩，生源危机加剧。同时，各类继续教育机构之间还存在政策不统一，标准不相同，证书不一致的问题，使其在同一化生源市场竞争中，各自都或多或少地存在功能局限，以学历补偿教育为主要使命的继续教育机构在高等教育大众化的背景下，其进一步发展受到很大局限。普通高校继续教育的发展也面临着边缘化的窘境，各类继续教育机构力求在生源竞争激烈的环境下通过转型和重新定位，探寻可持续发展之路。

（二）办学遭遇困境

继续教育形成了多元化的办学格局，但各种形式和类型的继续教育之间自成壁垒、各自为政、重复建设、无序竞争，缺乏统筹协调和资源整合。学历继续教育未能建立主动适应市场经济和社会发展的办学机制，与社会成员多样化的学习需求相脱节，主要表现为以下几点。一是以学历继续教育为主，服务功能单一，办学特色不鲜明，难以体现成人教育的特点，难以满足成人学生多样化的学习需求。二是人才培养模式滞后，教学内容、教学方法、教学手段、教学形式存在着普通教育化的倾向，适应社会成员多种需求的非学历、非正规和非正式教育不被重视。在人才培养规格、学科设置、教育教学方法、服务面向上同质化问题突出。三是弱化了教育培养人才的根本宗旨。各类继续教育机构存在着办学定位模糊的情况，以及重规模扩张、轻质量提升，重经济效益、轻社会效益，重知识传授、轻能力培训，重学历文凭、轻素质养成等问题。四是各类教育之间缺乏有效的沟通和衔接机制，导致教育资源的共享率不高，学习成果不能互认与转换，普通学校与职业学校、成人学校之间，学校教育与社会教育之间，正规教育与非正规和非正式教育以及各类教育体系之间很难实现优质教育资源的有效共享和学习成果的沟通和衔接，严重束缚了社会成员对继续教育的选择和参与。

(三) 质量危机严峻

生源危机带来质量危机。生源素质下滑，个体差异明显，在文化基础、专业基础、认知发展程度上都不同程度地有所下降，管理难度加大。受利益驱动，部分继续教育机构把办学当作创收工具，为吸引和争夺生源，不惜以降低入学门槛和办学质量为代价，致使继续教育的社会地位、信誉和质量遭受质疑，学历"贬值"，文凭"注水"，继续教育的吸引力不强，社会认可度偏低，办学质量和效益等问题突出。

(四) 信息化短板凸显

以信息技术为主要标志的科学技术的飞速发展和知识经济的兴起，深刻改变了人类的生存、生产和生活方式，也改变了人们传统的学习方式。信息技术的迅猛发展和广泛应用，为大众化高等教育提供了一个超越时空、不受人数限制的虚拟课堂，有效地缓解了工学矛盾。教育信息化对各种传统的教育形式产生着巨大的影响和冲击，传统的教育手段和教学形式已远远不能满足当代学习者的需要。以传统面授为主要教学手段，以及信息化程度的落后，对提高教学管理和教学质量形成了障碍，使继续教育机构的竞争力和吸引力大打折扣。此外，继续教育的教师也面临着挑战，需要转变角色，成为导学者、助学者、促学者、评学者，同时成为终身学习者，发展信息化教学能力，提高信息素养，以适应教育信息化背景下继续教育教学与管理的新要求。

(五) 继续教育参与率偏低

我国劳动者素质和人力资本积累总体水平偏低，成人接受正规学校教育年限不足，与发达国家存在明显差距。我国对社会成员的继续教育总体上比较薄弱，继续教育水平与发达国家存在差距，直接影响了各类人群继续教育的参与率。总体而言，高学历人群培训参与率高于低学历人群培训参与率，专业技术人员培训参与率高于管理人员和工人培训参与率，城镇从业人员培训参与率高于农村从业人员培训参与率。特别是，弱势群体处于"低技能、少培训、低待遇"的困境中，需要加强政策倾斜，加大培训投入，以能力建设为本，促进其就业、转岗和生活质量的提高。

二、思考与对策

（一）坚持制度创新

坚持改革创新，拓宽发展思路，统筹规划继续教育多元、协调发展。各级政府和有关部门应加紧制定继续教育发展规划和指标体系，做好顶层设计，制定有效机制对继续教育进行统筹管理，对各层次继续教育进行宏观指导，全面规划、分步实施、监管管理。深化综合改革，统筹好规模、结构、质量与效益的协调发展，形成开放灵活、规范有序、质量较高、适应需求的办学体系，有效服务社会。

积极推进继续教育立法。我国继续教育立法起步较晚，与其他国家相比，继续教育的法规建设显得尤为薄弱。目前，国家层面没有出台专门的继续教育法和系统配套的继续教育政策法规。为了加强继续教育的稳定性和持续性，应借鉴教育强国的经验，加强继续教育法规建设，确立继续教育的重要地位，明确继续教育相关者的权责和义务，确保公民个人接受继续教育方面应享有的权利，保证对继续教育人力和财力的投入，明确经费来源和保障条件等。各地应从实际出发，制定和完善地方性继续教育的法规。各行业和企事业单位需结合需要，制定落实继续教育法规的具体措施。

加大继续教育经费投入。推动建立政府、用人单位、学习者和社会共同分担成本、多渠道筹措经费的投入机制。国家应加大对继续教育的财政支持，开辟多元化筹资渠道，进一步完善财政、金融、土地等优惠政策，鼓励企业、社会团体以及受教育者个人投入资金，从而不断增加继续教育的资金投入，同时大力吸纳国外机构和资金进入我国的继续教育市场。政府的投入和公共职业培训与继续教育经费，应优先向弱势、困难群体，特别是失业者、低收入者、进城务工人员和贫困劳动者倾斜，通过税收等优惠政策，鼓励企事业单位为从业人员提供继续教育。

建立和完善继续教育激励制度。激励机制是继续教育稳步发展的助推器。应扩大继续教育机构的自主权，充分激发其办学活力，形成自主办学、政府监督、质量为本的有序竞争机制；建立劳动者和各类专门人才继续教育制度，把从业人员接受继续教育的状况和成果作为工作考核、职务职称评聘、岗位聘任、职业注册等的重要依据；建立带薪继续教育假制度。

推进优质资源的整合和共享。加强继续教育公共服务与资源平台建设，促进各种教育资源的交流，促进继续教育优质资源的共享。一是建立引入市场化资源建设和配置机制。二是借鉴国际经验，设计资源建设体系，制定资源建设规划，按照学习者和学习需求做好资源分类，满足不同学习者的个性化需要。三是利用信息技术，建立继续教育资源中心和资源联盟，探索资源开放与共享机制，把最优质的资源提供给全社会。四是建立有效的协调机制，推动各部门、各系统相关资源、媒介、场所和设施向社会开放，加强对学习过程的支持服务，为学习者提供便捷、灵活、个性化的学习环境。

（二）走向开放和融合

继续教育是一种开放的、包容的教育类型，其对象的广泛性、需求的多元性、课程的丰富性、形式的多样性是其开放性和包容性的体现。继续教育是教育机会均等的教育，是终身化的教育，在任何时间、任何地点、以任何方式都可以享有。这是继续教育应努力追求的目标，也是继续教育适应社会需求的必然选择。

充分发挥学校资源优势开展继续教育。各级各类学校是加快发展继续教育的重要资源，重视发挥高校在学历继续教育和非学历继续教育中的引领和示范作用。应把提高人才培养质量放在首要位置，以观念更新、机制创新为突破，建立宽进严出的学习制度，健全灵活开放的管理制度，加强特色专业建设，培育优质教育资源，提升教育质量。应引导推动各级各类学校，特别是普通高校和职业院校面向社会积极开展继续教育，面向行业、企业开展继续教育，推进学校的教学资源向社会开放。办学服务体系主体多元化。继续教育的提供者应不局限于各级各类学校，要充分调动政府、学校、企事业单位、科研机构、社会组织及全社会发展继续教育的积极性，共同参与、共同提供多元化的教育服务。

推动学历与非学历继续教育协调发展。非学历继续教育具有直接、有效地服务经济社会的明显优势，是教育体系中最富活力、最显服务力、最能体现社会效益的元素。继续教育要结合自身的优势和特色，在办学理念、所属类型、服务区域、人才培养层次等方面进行战略转型，逐步实现由学历继续教育向非学历继续教育的转轨。大力发展职业导向的非学历继续教育，通过积极承担各类职业培训、岗位培训和技能培训，拓展培训空间。以培训市场的学习需求为导向，开发培训项目。面向行业、企业、部门和职业岗位群，开发适应不同层次需要的非学历继续教育项目，突出办学特色和行业背景，以需求为导向制定培养培训方案，提高受教育者的创新创业能力。兼顾经济效益与社会效益的同时，更应着眼于非学历继续教育可持续发展机制的建立。学历继续教育与非学历继续教育是相互依存、相互促进、共同发展的统一体。学历继续教育为非学历继续教育提供开办条件，非学历继续教育则促进学历继续教育的深化改革和发展。通过调整教育结构和教育布局，形成以学历继续教育推进非学历继续教育、非学历继续教育促进学历继续教育的互动生态，注重开发适合从业人员学习、学历继续教育与非学历培训能够兼用的学习资源，实现学历与非学历继续教育资源和教师教学资源共享。

积极探索不同办学形式的合作、融通和衔接。各类继续教育应跨越各自的体系局限，淡化不同学历继续教育的类型差异，强化教与学手段、方法的差异，从构建终身教育体系和学习型社会的视角，扬长避短，进行优势重组、资源整合，为广大社会成员提供最适宜的教育方式。推动招生考试改革，逐步开放入学通道，宽进严出，自主招生，注册入学，为在职人员接受高等教育提供更多选择的机会。探索建设学分银行，逐步建立和完善以学分为基本单位的学习成果认证、积累与转换制度，打通不同学历继续教育类型之间的壁垒，在课程、学分、管理、证书等方面进行沟通，研制不同学习成果的认证和评价办法，试行职业资格证书与学历继续教育课程学分转换，拓宽终身学习通道。建立学历文凭与技术等级证书、岗位资格证书并重制度，积极探索继续教育的学分认证、积累与转换制度，实现不同层次与类别的继续教育之间的横纵沟通与衔接，实现不同类型学习成果的互认与衔接，搭建通过各种学习途径成才的"立交桥"。选择有条件的高校开展校际间继续教育沟通衔接的研究与试点。选择有条件的区域开展面向各类学习者的学习成果认证、积累与转换的研究与试点。

以信息化整合继续教育教学模式。现代信息技术在继续教育中的应用，特别是远程网络技术和多媒体技术在继续教育中的应用，为开展继续教育提供了良好的基础。互联网时代的继续教育具有社会性与包容性，应使用现代信息手段整合现有的多种形式的继续教育，建立学习平台，强化学习支持，推动基于互联网与面授学习混合的教学模式，提高学习效果和学习质量。积极推进教育信息化是继续教育实现跨越式发展的关键。利用现代信息技术和网络技术进行改造和提升继续教育，改革传统的教学模式和教学手段，以学习者为中心，建立基于网络自主学习、远程支持服务和课堂面授相结合的教学新模式，实现远程教学和面授教学结合、自主学习和团队合作学习结合、在线形成性评价和课程终结性考核结合。充分发挥现代信息技术在教学、管理和改革中的积极作用，提高教学服务水平。

(三) 规范管理，提高质量

质量是继续教育的生命线。高质量是继续教育可持续发展的前提和基础。继续教育改革的有效途径就是内涵发展，以质量求生，以质量求胜。质量的提升主要从三个层面推进：一是在国家层面通过政策规范、引导、推进、发展、改革继续教育；二是在中观层面加大对继续教育质量的监管力度；三是办学机构从体制、机制上提高管理的效率，将继续教育纳入学校整体规划和管理中。继续教育机构应主要从三个方面下功夫：一是坚持办学规范管理，通过不断完善制度建设来规范管理、强化责任意识和质量意识，提高办学效益和管理水平；二是建立有效的教学质量监控体系，严格教学质量监控，发挥教学督导的作用，聘请有关专家组成教学督导团，定期进行督导检查；三是着力加强继续教育质量标准和评价体系建设，建立教育行政部门和有关部门共同制定质量标准，以及政府、办学机构、社会多元评价相结合的新机制。针对不同的类型、不同的层次、不同的地域，建立多元的质量评价体系，在课程设置、教师遴选、办学过程控制以及管理服务保障等方面实现全过程的质量评价，加大对继续教育的质量管理的监控力度，促进继续教育健康、有序发展。

在终身学习需求日益高涨的背景下，继续教育的对象、定位、重点和方式等正在发生新的变化，未来发展有以下趋势：一是各类继续教育办学机构享有更充分的办学自主权，更加主动服务国家战略、服务地方经济建设、服务人民群众多样化的学习需求；二是继续教育办学及服务体系呈现主体多元化、类型多样化的格局，无论是纵向还是横向，是学历继续教育还是非学历继续教育，都将实现沟通衔接；三是人才培养模式改革深化，导向灵活多样的混合式学习和数字化学习，更加重视学习支持服务；四是优质资源整合与共享，将探索建立学分银行制度作为国家战略层面的重要行动，推动建设全民学习、终身学习的学习型社会。

［后　记］

本报告为中国教育科学研究院 2013 年度基本科研业务专项基金"国情系列"项目（课题批准号：GY2013007）的研究成果，是集体智慧的结晶，由中国教育科学研究院职业与继续教育研究中心、高等教育研究中心合作完成。课题主持人：赖立；课题组成员：杨红（高等教育研究中心）、卢彩晨（职业与继续教育研究中心）、郭红霞（教育理论研究中心）、王纾（高等教育研究中心）、桂庆平（高等教育研究中心）、张智（职业与继续教育研究中心）、饶燕婷（高等教育研究中心）等。赖立承担课题研究设计策划、组织协调、研究实施及报告的撰写、修改和统稿。本研究报告各章节具体分工如下：前言由赖立执笔，第一章由杨红执笔，第二章由郭红霞执笔，第三章由张智、饶燕婷执笔，第四章由王纾、赖立执笔，第五章由桂庆平执笔，第六章由卢彩晨执笔，第七章由赖立执笔。

本报告得到教育部职业教育与成人教育司、中国成人教育协会、中国教育科学研究院、国家开放大学、上海开放大学等有关领导、专家的关注、支持和帮助，教育科学出版社领导和编辑付出心血和努力，在此对所有参与者、支持者和帮助者一并表示衷心感谢。